CALEPIN DE CAMPAGNE

POUR

UN OFFICIER SUBALTERNE D'INFANTERIE

Paris. — Imprimerie J. Dumaine, 2, rue Christine.

PUBLICATION DE LA RÉUNION DES OFFICIERS.

CALEPIN DE CAMPAGNE

POUR

UN OFFICIER SUBALTERNE D'INFANTERIE

PAR

A. ROUSSEAU

CAPITAINE D'INFANTERIE

Instructeur à l'École spéciale militaire de Saint-Cyr.

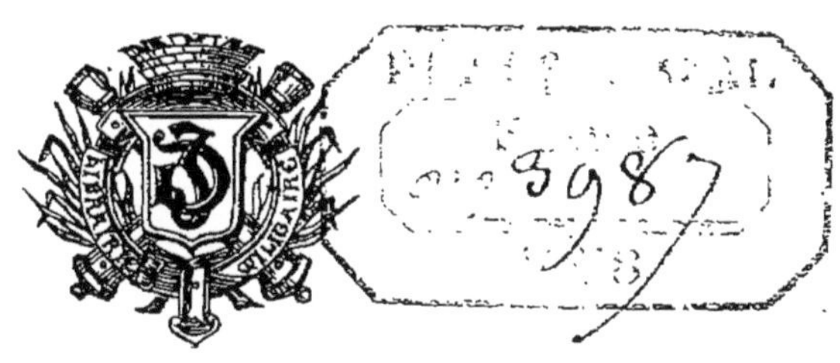

PARIS

LIBRAIRIE MILITAIRE DE J. DUMAINE

LIBRAIRE-ÉDITEUR

30, rue et passage Dauphine.

1878

TABLE DES MATIÈRES.

ADMINISTRATION MILITAIRE.

LÉGISLATION MILITAIRE.

FORTIFICATION.

SERVICE EN CAMPAGNE.

SERVICE DES AVANT-POSTES.

SERVICE DE MARCHE.

SERVICE DES RECONNAISSANCES.

CANTONNEMENTS.

BIVOUACS.

CONVOIS.

RÉQUISITIONS.

SURPRISES ET EMBUSCADES.

CHEMINS DE FER.

LIGNES TÉLÉGRAPHIQUES.

GUÉS.

CANAUX.

PONTS.

AIDE-MÉMOIRE.

Solde et indemnités (Officiers).

DÉSIGNATION DES GRADES.	SOLDE NETTE — De présence par mois.	De présence par jour.	d'absence par jour.	Prison. de guerre par jour.	Prison. de guerre à l'hôpital	INDEMNITÉS — Journalières en marche.	dans Paris.	en Algérie.	de rassemblement. No 1.	No 2.	No 3.	No 4.	Entrée en campagne.	Pr perte d'effets et chevaux. Prison. de guerre. Effets.	Che-vaux.	Cheval tué ou perdu.
Colonel	645.00	21.50	10.75				4.60						1200	800	800	
Lieutenant-colonel	501.00	16.70	8.35	6.70	3.35	5.00	4.45	1.35	2.00	1.50	1.0	0.50	1000	700	800	400
Chef de bataillon	429.00	14.30	7.15				3.75						900	600	400	
Capitaine de 1re classe	294.00	9.80	4.90	....	....	....	2.55	....	1.40	1.05	0.70	0.35	600	400		
Capitaine de 2e classe	270.00	9.00	4.50	....	....	....										
Lieutenant de 1re classe	204.00	6.80	3.40	3.40	1.70	3.00	2.30	1.05								
Lieutenant de 2e classe	198.00	6.60	3.30	....	....	....			1.00	0.75	0.50	0.25	400	300		
Sous-lieutenant	189.00	6.30	3.15	....	....	....	2.45									
Médecin-major de 1re classe	513.00	17.10	8.55	....	....	5.00	3.75	1.35	2.00	1.50	1,00	0.50	1000	600	450	450
Médecin-major de 2e classe	309.00	10.30	5.15	....	....	3.00	2.55	1.05	1.40	1.05	0.70	0.35	700	400		
Médecin aide-major	219.00	7.30	3.65	....	....		2.30		1.00	0.75	0.50	0.25	500	300		
Adjudant-major	....	....	....	....	....	....	....	....	....	....	....	....	700			
Officier payeur	....	....	....	....	....	....	....	....	....	....	....	....	500			

Indemnités mensuelles pour frais de service au commandant du régiment.

Officier supérieur .... 186 fr. | Officier subalterne.................... 37 fr. 20

Indemnités mensuelles pour frais de bureau.

Officier supérieur commandant { Dépôt en portion principale sans commander le régiment.......... 27 fr. 00
{ Un détachement de plusieurs compagnies s'administrant séparément. .. 25 fr. 50

Officier payeur avec 1 bataillon 67 fr. 80, avec 2 bat. 127 fr. 50, avec 3 bat. 163 fr. 50, avec 4 bat. 198 fr.

Solde, indemnités, masse individuelle (Troupe).

DÉSIGNATION des GRADES.	SOLDE — Infant. de ligne. Chasseurs à pied. Zouaves. — par jour avec vivres.	Hautes payes journalières. 1re.	Hautes payes journalières. 2e.	Tirailleurs algériens. — par jour. — Français.	Indigènes.	Hautes payes journalières. 1re.	2e.	3e.	Prisonniers de guerre.	INDEMNITÉS — en marche.	Fête nationale.	dans Paris.	en rassemblement.	MASSE INDIVIDUELLE. — Prime journalière.	Supplément en campagne et en Algérie.
Adjudant	...	....	....	....	3.00										
Sous-chef de musique	2.57	....	....	2.57		....	....	....	....	0.85	1.50	0.75	0.20		
Chef armurier de 1re classe															
Chef armurier de 2e classe	1.52	....	....	1.70	....	0.40	0.45	0.20	....						
Tamb.-maj., chef de fanfare	1.47	0.30	0.50	1.70	1.95					0.25	0.70	0.40	0.10		
Sergent-major	1.17	....	....	1.40	1.65										
Sergent et serg.-fourrier	0.87	....	....	1.10	1.35	....	....	....	....					0.12	0.05
Caporal fourrier									0.10						
Caporal tamb. ou clairon	0.67	....	....	0.90	1.15										
Caporal sapeur															
Musicien après 10 ans															
Caporal	0.42	....	....	0.65	0.90										
Sapeur, ouvrier d'art, musicien	0.40	0.12	0.15	0.45	0.70	0.05	0.10	0.15	...	0.10	0.30	0.07	0.05		
Tambour ou clairon															
Soldat de 1re classe, élèves musiciens	0.30	....	....	0.35	0.60										
Soldat de 2e classe	0.25	....	....	0.25	0.50										
Enfant de troupe à 14 ans															

Vivres de campagne.

NATURE DES DENRÉES.	RATIONS journalières.	PRIX de rembour-sement.	NATURE DES DENRÉES.	RATIONS journalières.	PRIX de rembour-sement.
	gr.				
Pain de repas....	750.00	0.18	Sucre.........	21 gr.	0.02
ou biscuit........	550.00		Café..........	16 —	0.035
Pain biscuité......	700.00	»	Vin...........	1/4 litre.	»
Pain de soupe....	250.00	»	*ou* bière *ou* cidre.........	1/2 —	»
ou biscuit.........	180.00	»	Eau-de-vie....	1/16 —	»
Viande fraîche *ou* salée..........	250.00	0.15	Bois de chauffage.........	1.200 gr.	0.02
ou lard..........	200.00		*ou* charbon....	600 —	
Riz et légumes secs	60.00	0.03			
Sel.............	16.66	0.005	Fagots........	1 pour 20 rations.	

Paille de couchage : 5 kilog. tous les 15 jours ou à chaque changement de position.

Tarif de remboursement de la ration entière.......... 0 fr. 44 c.

Tarif des rations de vivres, fourrages et chauffage sur le pied de guerre.

DÉSIGNATION DES GRADES.	VIVRES.	FOURRAGES.	CHAUFFAGE (1).
Colonel et lieutenant-colonel................	1 1/2	2	6
Chef de bataillon et médecin-major..........	1 1/2	2	4
Major, adjudant-major, officier payeur, médecin aide-major..............................	1 1/2	1	4
Capitaine, lieutenant, sous-lieutenant (2)......	1 1/2	»	4
Sous-officiers..................................	1	»	2
Caporal, soldat, enfant de troupe (3).........	1	»	1
Officier d'ordonnance, capitaine, lieutenant ou sous-lieutenant..............................	1 1/2	2	4

(1) N'est dû que sur une autorisation spéciale.

(2) Capitaine, lieutenant ou sous-lieutenant, a droit à une ration de fourrages quand il est âgé de plus de 50 ans.

(3) En Algérie, les cantinières ont droit aux rations comme les soldats.

Rations de fourrages.

DÉSIGNATION des PARTIES PRENANTES.	EN ROUTE ou camp de manœuvre.			PIED DE GUERRE.			EN MER.				
	Foin.	Paille.	Avoine.	Foin.	Paille.	Avoine.	Foin.	Orge.	Farine d'orge.	Son.	Eau.
											lit
Etat-major, cavalerie de réserve équipages régimentaires.......	5.00	»	5.55	4.00	2.00	5.80	3.50	2.50	1.50	0 50	16
Artillerie........	5.00	»	5.35	4.00	2.00	5.60	3.50	2.50	1.50	0.50	16
Cavalerie de ligne, officiers d'infanterie, médecins..	4.00	»	5.05	4.00	2.00	4.80	3.00	2.00	1.50	0.50	16
Cavalerie légère..	4.00	»	4.50	....	....	4.75					
Chevaux arabes ..	3.00	»	4.75	3.00	2.00	4.50	2.50	1.75	1.50	0.50	15
Mulets.........	4 00	»	4.25	....	....						

Rations de fourrages en chemin de fer.

FOIN.	AVOINE.	PAILLE POUR litière.	PAILLE POUR un botillon.	
5 k 00	2 k 00	2 k 500	7 k 500	Un botillon pour 5 selles dans wagon spécial ou pour 4 dans wagon à chevaux.

Longueur du botillon, 0m,80. Tour, 1m,25. Trois liens.

Proportion des substitutions dans les rations de fourrages.

AU FOIN.	A LA PAILLE	A L'AVOINE OU ORGE.
Fourr. artificiel. P. pr poids.	Foin. 1/2 du poids	Foin........ Double poids.
Paille......... 2 f. le poids.	Avoine ou orge. 1/4 du poids	Paille....... 4 fois le poids.
Avoine ou orge. 1/2 du poids.		Son........ 1/2 en plus.
		Farine d'orge. 6/10 du poids.

1 kil. avoine = 1,100 orge. = 1,300 seigle. = 0.900 farine d'orge = 0,700 biscuit moulu.

Rendement de la viande sur pied.

Bœuf. 60 % environ 750 rations à 300 gr. mange 10 kil. de foin.
Vache. 56 %
Mouton. 53 % — 50 rations à 300 gr. mange 2 kil. de foin.
Veau. 60 %.

Rendement des grains.

Un mètre cube vaut 10 hectolitres.	Poids de l'hectolitre.	Blé	75 kil.	Seigle 67 kil.
		Orge	58 —	
		Avoine ..	48 —	

Rendement des blés et farines.

BLÉS			FARINES		
tendre à bluter à 20 %.	dur à bluter à 12 %.	Nombre de rations.	de blé tendre à bluter à 20 %.	de blé dur à bluter à 12 %.	Nombre de rations.
100 k	»	144	100	»	186
»	100	172	»	100	200

Mélange habituel : 1/2 ou 2/3 tendre avec 1/2 ou 1/3 dur.

Rendement.

FOIN. Poids du mètre cube			PAILLE. Poids du mètre cube	
non pressé	en piles ou meules	pressé	à l'état ordin.	en meules
65 kil.	100 kil.	160 à 300	62 kil.	84 kil.

Jaugeage des tonneaux.

$$V = 3.1416.h.\left(\frac{D - \frac{D-d}{3}}{2}\right)^2$$

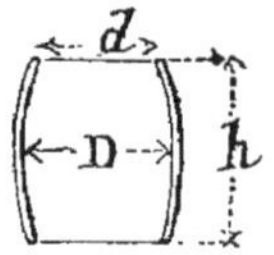

Fours elliptiques.

Largeur : $\frac{11}{12}$ de la profondeur.

Profondeur.	Nombre de rations.	Profondeur.	Nombre de rations.	Profondeur.	Nombre de rations.
1m95	100	2m76	226	3m57	380
2.11	120	2.92	244	3.76	420
2.27	140	3.08	280	3.90	460
2.42	166	3.25	306	4.06	500
2.60	190	3.41	344	4.22	550

On peut faire dix fournées en vingt-quatre heures.

Chargement des voitures de subsistances.

3 seaux d'abreuvoir avec les voitures de subsistances. 17 voitures à un cheval formant deux sections de 8 voitures portant chacune un jour complet de vivres, la dix-septième voiture porte l'avoine.

	Nombre de caisses.	Poids d'une caisse.			Rations par caisse.	Poids total.	Total des rations.
		Récipient.	Contenu.	Total.			
				Biscuit.			
Régiment........	97	14 k	48.500	62.500	66	4704k5	6402
				Conserves de viande.			
Régiment........	18	20k5	36k	56k5	180 à 200 gr.	648	3240
				Sacs de vivres de campagne.			
Régiment........	12	1.100	49.570	50.670	»	594.0	»
				Sacs d'avoine.			
Régiment........	9	1.100	71	»	12	639	108

	Nombre de voitures.	Chargement d'une voiture.				
		Nombre de caisses.		Nombre de sacs.		Mobilier.
		Biscuit.	Conserves.	Vivres.	Avoine.	
Régiment........	12	8	»	»	»	»
	2	»	8	»	»	»
	2	»	1	6	2	»
	1	1	»	»	5	12 k
Bataillon de chasseurs..........	6	»	»	»	»	»

Chargement de la voiture d'habillement.

	NOMBRE de caisses dans la voiture.	CHARGEMENT D'UNE CAISSE. Paires de Souliers.	Paires de Guêtres en toile.	Ceintures de flanelle.	Pantalons.	MATÉRIEL pour réparations.
	5	30	30	30	30	
	1	»	»	»	»	1 caisse.
TOTAUX...	6	150	150	150	150	1 caisse.

Voitures de bagages des officiers (1).

ÉTAT-MAJOR.	Nombre de voitures.	NOMBRE de cantines d'effets.	NOMBRE de cantines de vivres.	Couvertures.
Colonel..........		4		1
Lieuten.-colonel..		3	1	1
Médecin-major de 1re classe......		2		1
Adjoint au trésorier (2)........	1	1		1
Porte-drapeau ...		1	1	1
Chef de musique.		1		1
Vaguemestre.....		1		1
Sous-chef de mus.		1		1
Chef armurier (3).		1		1

4 tables. — 6 pliants.

UN BATAILLON.	Nombre de voitures.	NOMBRE de cantines d'effets.	NOMBRE de cantines de vivres.	Couvertures.
Chef de bataillon.		2		1
Adjudant-major..		1	1	1
Médecin		1		1
Adjudant.........	1	1		1
4 capitaines......		4		4
12 lieutenants ou sous-lieutenants.		12	4	12

5 tables.
2 pliants.
4 boîtes à livrets matricules.

(1) 3 seaux d'abreuvoir avec les voitures de bagages.
(2) Plus 2 caisses de papier pesant 100 kilog.
(3) Plus 1 caisse d'outils et pièces d'armes pesant 95 kilog.

Poids maximum.
- Caisse d'effets.................... 14 kilog.
- Cantines pour vivres
  - 4 officiers........... 31 —
  - 5 officiers........... 35 —

Renseignements divers sur les voitures.

Voitures régimentaires.
- Dimensions intérieures : Longueur..... $2^m,00$ Hauteur... $0^m,77$; Largeur...... $1^m,07$ Capacité... $1^{mc}647$
- Poids. 358 kilog.
- Largeur de bout d'essieu à bout d'essieu. $1^m,75$.
- Longueur attelée. à 1 cheval....... 7^m. à 2 chevaux..... 8^m.

Voie des voitures 1^m43 à $1^m,53$.

Longueur attelée. à 4 chevaux. 11^m. à 6 — 13^m.

Chargement maximum.

Voitures régimentaires... 500 kil.

Caissons des équipages militaires 1,200 rations de pain. 900 kil.

Mulet, le bât plus 75 à 100 kil.

Cheval de cavalerie dans une réquisition. 100 kil.

Collections d'attaches des chevaux au bivouac.

Pour un régiment d'infanterie, 10 collections.

Chaque collection pour 4 chevaux comprend : Cordes, $5^m,50$. Piquets 4, dont un de rechange. Entraves, 4. — Masse en fer, 1.

Outils de pionniers dans les troupes d'infanterie.

		Haches.	Pelles.	PIOCHES pics à tête.	PIOCHES ordinaires.	Serpes.	Pinces.	SCIES articulées.	SCIES passe-partout.	Caisse d'outils d'art.	Manches de rechange.
Outils à manches courts portés par les hommes	dans chaque compagnie........	2	2	4	»	»	»	»	»	»	»
	dans chaque bat.	8	8	16	»	»	»	1	»	»	»
	dans chaque rég.	24	24	48	»	»	»	3	»	»	»
	par les sapeurs..	3	3	6	»	»	»	1	»	»	»
Une voiture régimentaire d'outils (modèle du génie)		8	70	»	40	10	2	»	1	1	12
Outils portés par	les 2 voitures régimentaires..........	16	140	»	80	20	4	»	2	2	24
	les hommes du régim.	27	27	54	»	»	»	4	»	»	»
TOTAUX pour un régiment....		43	167	54	80	20	4	4	2	2	24

Chargement du soldat d'infanterie en campagne.

Le soldat porte sur lui :

Une capote ou veste.
Un pantalon.
Un képi.
Une chemise.
Une ceinture de flanelle.
Un caleçon.
Une paire de bretelles.
Une cravate.
Une paire de souliers.
Une paire de guêtres en cuir.
Un mouchoir.

Dans le sac ou autrement :

Objet	Poids
Vivres de campagne (2 jrs).	1,690
Marmite-gamelle pour 4 hommes)	0,750
Grand bidon (1/4 de son poids)	0,238
Gamelle individuelle	0,430
Tente Valdejo avec accessoires	1,540
Une capote ou veste	1,000
Un caleçon	0,400
Une chemise	0,500
Une paire de guêtres en toile	0,110
Un bonnet de coton	0,110
Un mouchoir	0,060
Un livret	0,030
Une paire de souliers	0,800
Une paire de sous-pieds	0,020
Un morceau de savon	0,125
Boîte de conserves	1,000
Pr 2 hommes. Brosse à chaus. 0,200 ; — à habits. 0,150 ; — à fusil. 0,050 ; — à graisse à 2 compartim. 0,215 ; Trousse garnie. 0,200	0,408
Cinq paquets de cartouches dans le sac	1,485
Toile caoutchouc	0,800
Fusil	4,060
Bretelles de fusil	0,102
Nécessaire d'armes	0,150
Petit bidon demi-plein avec quart	0,750
Etui-musette avec un repas de vivres	0,500
Bouchon de fusil	0,006
Havre-sac	1,800

Charge des hanches :

Objet	Poids
Ceinturon complet	0,460
Gibernes et poche à cartouches	0,613
Sabre et fourreau	1,033
Quatre paquets de cartouches dans la giberne et deux cartouches libres	1,254

Total : 22k239.

Graisse d'armes.

Faire fondre à feu doux 250 grammes de graisse de mouton, la passer dans un linge un peu clair, y mêler immédiatement 500 grammes d'huile d'olive de bonne qualité. On obtient ainsi une sorte de pommade blanche (légèrement jaunâtre) qu'il faut avoir soin de couvrir pour la préserver de la poussière.

Graisse pour la chaussure.

Faire fondre à feu doux parties égales de graisse de mouton et de cire jaune; passer dans un linge un peu clair. On obtient ainsi une sorte de pommade un peu roussâtre que le contact des doigts suffit à rendre assez molle.

Soins pour les pieds des fantassins.

Se frotter les pieds avec de l'eau-de-vie pure dans laquelle on a rogné auparavant un peu de savon de Marseille. Laisser sécher. Les pieds restent propres et très-fermes. Tout alcool peut remplacer l'eau-de-vie. On se sert aussi avec avantage de suif de chandelle tant pour les pieds que pour toute autre partie du corps irritée par le frottement.

Eau troublée rendue limpide.

Il suffit de jeter dans un bidon de 10 litres un morceau d'alun ou de l'alun en poudre, remuer un instant, laisser reposer pendant deux minutes; l'eau est claire.

RÉGIMENT.

BATAILLON. (Lettre). COMPAGNIE.

Etat de perte d'effets ou d'armes.

Format 38 sur 25.

NOMS et PRÉNOMS.	GRADES.	DÉSIGNATION des effets ou armes.	NUMÉROS des effets ou armes.	PRIX.	MONTANT.	CIRCONSTANCES dans lesquelles les pertes ont eu lieu.

Certifié véritable par le commandant de la compagnie.

A , le 18 .

État des militaires tués, blessés ou disparus pendant le combat de

NUMÉROS matricules.	NOMS et PRÉNOMS.	GRADES.	NATURE DE L'ÉVÉNEMENT cause de la mort ou de la blessure et indication de la partie lésée.	LIEU de l'événement.	DATES.
			(Format 30 sur 20).		

Certifié véritable par le commandant de la compagnie.

A , le 18 .

État de filiation des militaires qui s'embarquent pour

NUMÉROS trimest.	NUMÉROS d'ordre.	NOMS ET PRÉNOMS.	GRADES.	OBSERVATIONS.
				(Format 35 sur 22).

A , le 18 .

Vérifié :
Le major,

Le capitaine,

Vu par le commandant de place,

Vu : *Le sous-intendant militaire,*

Certificat d'origine de blessure.

(Format 30 sur 20).

Nous soussignés (3 témoins, noms, prénoms, grades, bataillons, compagnies et corps), certifions qu'il est à notre connaissance personnelle que le (*date en toutes lettres*) dans l'affaire (*bataille ou combat*) qui a eu lieu à ..... le nommé (*ou le sieur ou monsieur, noms, prénoms, grade*), à la e compagnie du e bataillon a été atteint d'un coup de (*feu, sabre, etc.*) à (*indiquer la partie lésée*) qui a occasionné une blessure (*grave ou légère*).

En foi de quoi nous lui avons délivré le présent certificat.

A , le 18 .

1er *témoin*. 2e *témoin*. 3e *témoin*.

Nous, soussigné, médecin (*grade et corps*), certifions avoir visité le nommé (*nom, prénoms et grade*) et constaté une blessure (*grave ou légère*) qui a été occasionnée par un coup de (*feu, sabre, etc.*), reçu dans l'affaire (*bataille ou combat*) qui a eu lieu à .....

A , le 18 .

Vu par nous, membres du conseil d'administration (*éventuel ou central*) du (*régiment*) pour légalisation des signatures apposées ci-dessus.

A , le 18 .

Vu : *Le sous-intendant militaire*,

Munitions d'artillerie.

NATURE des PIÈCES.	MODÈLES DES COFFRES.	OBUS ordinaires.	OBUS à balles.	OBUS à double paroi.	NOMBRE de coups.
7	1840...............	22	3	3	28
id.	1840 allongé.........	24	3	3	30
5	1858 allongé.........	24	4	4	32
id.	Avant-train	»	»	»	42
95mm	1840...............	8	8	8	24
id.	Avant-train	»	»	»	18
90mm	1840 allongé........	»	»	»	28
80mm	1858 allongé........	»	»	»	30

Munitions d'infanterie (1).

NATURE des CARTOUCHES.	MODÈLES des armes.	MODÈLES des COFFRES.		NOMBRE DE trousses.	paquets.	car-touches.	obtu-rateurs.	Bissacs (2).
A balles.......	1866	1858.		»	711	6.399	200	12
Id.	Id.	With-worth.	5 livres.	»	557	5.013	160	10
Id.	Id.		12 livres.	»	1.191	10.719	216	20
Id.	1874	1840.		44	1.232	7.392	»	12
Sans balles....	Id.	Id.		44	1.144	6.864	»	12
A balles.......	Id.	1858.		36	1.008	6.048	»	12
Sans balles....	Id.	Id.		36	936	5.616	»	9
A balles.......	Id.	Caissses blanches (3)	nº 2.	»	228	1.368	»	55
Id.	Id.		nº 3.	9	252	1.512	»	»
A balles (4) ...	Rev.	1858.		»	727	11.286	»	12

(1) Les hommes portent sur eux :
Infanterie. . . . 74 cartouches.
Autres corps. . 38 —
Artillerie. . . . 18 —
Dans les caissons de bataillon, 18 cartouches environ par homme.
— sections de munitions, 40 — —
— parc de corps d'armée, 30 — — —

(2) Les bissacs servent, que les cartouches soient ou non en trousses. Un bissac contient 30 paquets libres ou 2 trousses de 28 paquets à balles, ou de 26 paquets sans balles.

(3) Les caisses blanches pour munitions d'infanterie se trouvent seulement dans les parcs et sont affectées : les caisses nº 2 aux paquets libres de cartouches, les caisses nº 3 aux cartouches en trousses.

(4) Les hommes armés du revolver portent :
Dans l'artillerie. . . 18 cartouches.
— autres corps. . 30 —

LÉGISLATION.

Actes de l'état civil aux armées.

Les officiers de l'état civil aux armées sont :

1° Pour les corps de troupe de un ou plusieurs bataillons, l'*officier payeur;*

2° Moins d'un bataillon, le *capitaine commandant;*

3° Officiers sans troupe : l'*intendant militaire* de l'armée ou corps d'armée;

4° Pour les actes de décès survenus dans les ambulances ou hôpitaux temporaires, le *comptable* des hôpitaux militaires attaché à l'établissement.

En cas d'absence de ces officiers, ils sont remplacés par l'officier chargé de la tenue des contrôles nominatifs.

Registres de l'état civil.—Reste dans la caisse ou chez le président du conseil, coté et paraphé par l'officier commandant. — Officiers sans troupe, il reste dans les bureaux du chef d'état-major qui le cote et paraphe. Il peut être déplacé pour faciliter les inscriptions. — Les actes sont inscrits sur un seul registre, à la suite les uns des autres, sans blancs; ratures et interlignes approuvés. Lieu, année, jour, heure, noms, prénoms, âge, profession, domicile de ceux qui y sont dénommés. Lecture est donnée avant la signature, mention de cette formalité.

Témoins. — Agés de 21 ans au moins, sexe masculin, parents ou autres.

Nombre de témoins pour :

Acte de naissance		2
Célébration de mariage		4
Acte de décès.	A l'intérieur	2
	Hors du territoire	3
	Embarqués	2

Réception de testaments : 2 (mâles et majeurs, point légataires, point parents ou alliés jusqu'au quatrième degré; point commis ou délégués de celui qui reçoit le testament), quand le testament est reçu par un officier supérieur ou un membre de l'intendance; un des deux au moins doit signer.

0, quand le testament est reçu par deux membres de l'intendance.

0, quand le testament est reçu par l'officier de santé en chef, assisté du commandant militaire chargé de la police de l'hôpital (testateur malade ou blessé).

2, dans tous les cas, si le testateur est embarqué.

Envois des actes de l'état civil. — Actes de naissance et de décès, envoyés, délai de dix jours; actes de mariage, immédiatement à l'officier de l'état civil des parties, en passant par la portion centrale du corps. — Extrait collationné envoyé tous les trois mois au ministre. — Avant l'envoi des actes, les expéditions qui peuvent être nécessaires sont demandées aux dépositaires des registres.

Cas de remplacement du registre. — Le précédent est envoyé au ministre.

Naissances. — Déclaration par le père si marié, deux témoins, délai dix jours. — Si le père est marié à une autre femme, il ne peut se déclarer père de l'enfant.

Reconnaissance d'un enfant naturel. — Au moment de la présentation d'un nouveau-né par un homme non marié. — Dans l'acte de mariage de deux personnes libres qui reconnaissent leurs enfants nés précédemment. — En dehors de ces cas, acte notarié ou par juge de paix assisté d'un greffier, ou par officier de l'état civil.

Adoption. — Pas possible aux armées.

Désertion en temps de guerre.

				Délai.
à l'intérieur	Hommes de troupe	s'absentant de de son corps ou détachement	après 3 mois de service.	2 jours.
			avant — —	10 —
		voyageant isolément d'un camp à un autre ou dont le congé ou la permission est expirée		5 —
	Officiers			2 —
A l'étranger : tous les militaires				1 —

Conseils de guerre aux armées.

Un ou deux conseils suivant les ordres du ministre, dans chaque division, aux quartiers généraux de corps d'armée, au grand quartier général d'armée. Deux aussi dans tout détachement d'au moins un bataillon destiné à opérer isolément, et dans chaque place de guerre assiégée ou investie.

Composition du conseil.

Accusé.	Président.	Juges.
Sous-officier caporal ou soldat.	Colonel ou lieut.-colonel.	1 chef de bataillon, d'escadrons ou major. 1 capitaine. 1 lieutenant ou sous-lieutenant. 1 sous-officier.

Accusé.	Président.	Juges.
Sous-lieutenant.	Colonel ou lieut.-colonel.	1 chef de bataillon, d'escadrons ou major. 1 capitaine. 1 lieutenant. 1 sous-lieutenant.
Lieutenant.	Colonel ou lieut.-colonel.	1 chef de bataillon, d'escadrons ou ou major. 1 capitaine. 2 lieutenants.
Capitaine.	Colonel.	1 lieutenant-colonel. 1 chef de bataillon, d'escadrons ou major. 2 capitaines.
Chef de bataillon d'escadrons ou major.	Général de brigade.	1 colonel. 1 lieutenant-colonel. 2 chefs de bataillon, d'escadrons ou majors.
Lieutenant-colonel.	Général de brigade.	2 colonels. 2 lieutenants-colonels.

Pour les grades supérieurs, le conseil comprend sept juges.

En cas d'insuffisance d'officiers, on peut admettre jusqu'à deux juges d'un grade inférieur à celui de l'accusé. Dans les places assiégées on passe outre quelle que soit l'irrégularité de la composition du conseil.

Parquet. — Commissaire du gouvernement à la fois rapporteur, un ou plusieurs substituts; un greffier, un ou plusieurs commis-greffiers.

Procédure. — L'ordre de mise en jugement peut être donné sans instruction préalable.

1° Citation faite à l'accusé un jour au moins avant la réunion du conseil. Elle contient : la notification de l'ordre de convocation, indication du crime ou délit, texte de la loi applicable, noms des témoins appelés par commissaire-rapporteur. Un défenseur d'office est désigné par commissaire-rapporteur avant la citation. La citation doit notifier à l'accusé le nom du défenseur et l'avertir qu'il peut en choisir un autre.

2° Défenseur prend connaissance de l'affaire pendant le jour qui suit la citation. Il peut communiquer avec l'accusé.

3° Conseil réuni procède au jugement. Accusé a le droit de faire entendre à sa décharge tout témoin présent à l'audience et qu'il aurait désigné au commissaire-rapporteur avant l'ouverture des débats.

4° Questions posées par le président et choix de la peine sont résolus à la majorité :

3 voix contre 2 dans les conseils de 5 membres.
5 — 2 — — 7 —

Exécutions capitales.

Peloton d'exécution. — Commandé par un adjudant, composé de 4 sergents, 4 caporaux, 4 soldats commandés à tour de rôle par ancienneté dans le corps auquel appartient le condamné, ou sinon dans la troupe présente.

Gendarmerie et peloton de 50 hommes en armes amènent le condamné. Il est adossé à un poteau. Pendant la lecture de l'extrait du jugement, un soldat désigné lui bande les yeux et le fait mettre à genoux. — Peloton d'exécution sur deux rangs à 6 mètres du condamné. L'adjudant lève son sabre, laisse le temps de viser, puis commande : Feu !

Médecin militaire commandé s'approche du corps et décide s'il faut donner le coup de grâce. C'est un sous-officier qui tire avec son fusil à $0^m,05$ de l'oreille du condamné. — Exécutions multiples toujours simultanées, les condamnés à 10 mètres les uns des autres, un seul adjudant pour commander le feu..

Résumé de la loi et du règlement d'administration publique sur les réquisitions.

Cas de mobilisation totale. — Droit de réquisition du jour de la mobilisation à celui du retour au pied de paix.

Cas de mobilisation partielle ou rassemblement. — Ministre de la guerre détermine période des réquisitions et portion du territoire où elles peuvent être effectuées.

Droit de requérir peut être délégué à tout officier commandant de détachement.

Les ordres de réquisition sont détachés d'un carnet à souche. Il en est de même des reçus des prestations.

Exceptionnellement et seulement en temps de guerre tout commandant de troupe ou chef de détachement opérant isolément peut, même sans être porteur d'un carnet de réquisition, requérir sous sa responsabilité personnelle tout ce qui est nécessaire aux besoins des hommes et chevaux sous ses ordres (art. 8).

Ces réquisitions sont toujours faites par écrit et signées. Elles sont établies en double expédition ; une au maire, l'autre envoyée immédiatement par la voie hiérarchique au général commandant le corps d'armée. Donner reçu des prestations fournies.

L'officier qui a reçu un carnet de réquisition le remet à son chef de corps aussitôt sa mission terminée.

Nature des prestations à fournir par réquisition :

1° Logement chez l'habitant. Cantonnement pour hommes, chevaux, mulets et bestiaux dans les locaux disponibles, ainsi que les bâtiments nécessaires pour personnel et matériel des divers services dépendant de l'armée. — Consulter les états dressés dans chaque commune, ne réclamer le logement que pour un nombre d'hommes et de chevaux au plus égal aux chiffres indiqués sur ces tableaux.

2° Nourriture journalière des officiers et soldats logés chez l'habitant. On ne peut exiger une nourriture supérieure à celle de l'individu requis.

3° Vivres, chauffage, fourrages, paille de couchage. L'officier commandant un détachement qui réquisitionne des fournitures pour nourrir hommes et chevaux, doit mentionner sur la réquisition la quantité de rations requises et la quotité de la ration réglementaire.

4° Moyens d'attelage et de transport, y compris le personnel. Si déplacement de plus de cinq jours, officier requérant fait avec le maire une estimation contradictoire. Si chevaux ou voitures sont perdus ou endommagés, officier délivre au conducteur un certificat avec estimation de la perte et appréciation des causes du dommage.

5° Bateaux ou embarcations.

6° Moulins et fours. Si les moulins se trouvent affectés exclusivement à l'usage de l'administration militaire, constatation préalable entre officier requérant et maire.

7° Matériaux, outils, machines et appareils nécessaires pour la construction ou réparation des voies de communication ou autres travaux. Si c'est pour une durée de plus de 8 jours, estimation préalable contradictoire entre officier requérant et maire. Si, plus tard, ils sont rendus, procès-verbal de restitution et de détérioration, mention est faite sur le reçu primitivement délivré.

8° Guides, messagers, conducteurs et ouvriers. Pourvoir à leur nourriture et à celle de leurs chevaux. A l'expiration de la mission, certificat d'exécution délivré : aux guides, par le commandant du détachement ; aux messagers, par le destinataire ; aux conducteurs, par le chef du convoi : aux ouvriers, par le chef du service compétent.

9° Traitement des malades et blessés chez l'habitant. Maires fournissent locaux spéciaux ou répartissent chez les habitants. Si maladies contagieuses, séparer les malades de la population. En cas d'urgence, et seulement loin du centre de la commune, l'autorité militaire peut requérir directement des habitants le soin des malades et blessés, excepté si maladies contagieuses.

10° Objets d'habillement, équipement, campement, harnachement, armement, couchage, médicaments et moyens de pansement.

11° Tous les autres objets nécessités par l'intérêt de l'armée.

Hors le cas de mobilisation, on ne peut requérir que 1°, 2°, 3°, 4° et 5°.

Hors le cas de mobilisation, 4° et 5° pas requis pour plus de vingt-quatre heures.

Dispensés de fournir le logement dans leur domicile : Détenteurs de caisses publiques déposées dans leur domicile; veuves et filles vivant seules; communautés religieuses de femmes.

Dégâts dans les cantonnements. — Troupes sont responsables des dégâts occasionnés par elles dans les cantonnements. Habitants adressent leurs plaintes, par l'intermédiaire de la municipalité au commandant de la troupe. Réclamations doivent être adressées et dégâts constatés à peine de déchéance, avant départ de la troupe, ou, en temps de paix, 3 heures après, au plus tard; un officier est laissé à cet effet.

Droits des troupes chez l'habitant. — En toutes circonstances : feu et chandelle.

Toute réquisition doit être adressée à la commune, notifiée au maire; en cas d'impossibilité ou de trop grand retard, réquisition adressée directement aux habitants par l'autorité militaire.

Lorsque les prestations requises ne sont pas fournies dans les délais prescrits, l'autorité militaire fait d'office la répartition entre les habitants.

En cas de refus ou de mauvais vouloir, le recouvrement se fait au besoin par la force. (Voir page 90).

Tout militaire qui abuse des pouvoirs qui lui sont conférés ou qui refuse de donner reçu des quantités fournies, est puni de l'emprisonnement. Tout militaire qui exerce des réquisitions sans avoir qualité pour le faire est puni : si ces réquisitions sont faites sans violence, de la reclusion, ou, en cas de circonstances atténuantes, emprisonnement de un à cinq ans. Si ces réquisitions sont faites avec violence, mort avec dégradation militaire, ou, en cas de circonstances atténuantes, travaux forcés à temps.

Dans les eaux maritimes, les propriétaires, capitaines ou patrons de navires, bateaux, etc., peuvent être requis, personnel et matériel, par l'autorité militaire. Ces réquisitions se font par l'administration de la marine sur les points où elle est représentée.

Résumé de la Convention de Genève.

Art. 1er. Ambulances et hôpitaux militaires sont neutres et, comme tels, protégés et respectés aussi longtemps qu'il s'y trouve des malades ou des blessés. Neutralité cesse s'ils sont gardés par une force militaire.

Art. 2. Leur personnel comprenant l'intendance, les services de santé, d'administration, de transport des blessés, les aumôniers, est neutre quand il fonctionne et tant qu'il reste des blessés à secourir ou à relever.

Art. 3. Ce personnel peut, même après occupation ennemie, continuer à fonctionner, ou se retirer pour rejoindre son corps. Quand il cesse ses fonctions, il est remis aux avant-postes par l'armée occupante.

Art. 4. Le matériel des hôpitaux militaires est soumis aux lois de la guerre. Son personnel ne peut emporter que les objets qui sont sa propriété particulière. Au contraire, les ambulances conservent leur matériel.

Art. 5. Les habitants qui portent secours aux blessés sont respectés et libres. Tout blessé recueilli et soigné dans une maison y sert de sauvegarde. L'habitant qui a recueilli chez lui des blessés est dispensé du logement des troupes et d'une partie des contributions de guerre qui seraient imposées.

Art. 6. Les blessés ou malades sont recueillis sans distinction de nationalités. Les commandants en chef peuvent remettre immédiatement aux avant-postes ennemis les blessés pendant le combat quand les circonstances le permettent ou du consentement des deux partis. Sont renvoyés dans leur pays ceux qui, après guérison sont reconnus incapables de servir. Les autres peuvent être aussi renvoyés, à condition de ne pas reprendre les armes pendant la durée de la guerre (ne jamais souscrire à une telle obligation). Les évacuations et le personnel qui les dirige sont couverts par une neutralité absolue.

Art. 7. Le drapeau et le brassard distinctif portent la croix rouge sur fond blanc. Ce drapeau est toujours accompagné du drapeau national.

Tableau des monnaies étrangères.

MÉTAL.	PROVENANCE ET DÉNOMINATION.	VALEUR.
	ALLEMAGNNE.	fr. c.
Or.	20 marks ou double couronne............	24.62
Or.	10 marks ou couronne..	12.31
Or.	5 marks.............	6.16
Argent.	5 marks.............	5.51
Argent.	2 marks.............	2.20
Argent.	1 mark, 100 pfennig...	1.10
Argent.	1/2 mark, 50 pfennig...	0.55
Argent.	1/5 mark, 20 pfennig...	0.22
	ANGLETERRE.	
Or.	Souverain, livre sterling de 20 shillings.......	25.15
Or.	1/2 souverain.........	12.57
Argent.	Couronne, 5 shillings...	5.75
Argent.	1/2 couronne..........	2.87
Argent.	Florin, 2 shillings......	2.30
Argent.	Shilling, 12 pence......	1.15
Argent.	6 pence..............	0.57
Argent.	4 pence..............	0.38
Argent.	3 pence..............	0.28
Argent.	2 pence..............	0.19
Argent.	1 penny..............	0.09
	AUTRICHE-HONGRIE.	
Or.	Quadruple ducat.......	47.21
Or.	Ducat................	11.80
Or.	8 florins, 20 francs.....	19.95
Or.	4 florins, 10 francs.....	9.97
Argent.	2 florins.............	4.90
Argent.	1 florin, 100 kreutzers..	2.45
Argent.	1/4 florin............	0.61
Argent.	20 kreutzers } frappés	0.29
Argent.	10 kreutzers } depuis 1868	0.14
Argent.	Maria-Theresien-Thaler 1870...........	5.15
	BELGIQUE. — ITALIE. SUISSE. — GRÈCE.	
	Comme la France.	
	DANEMARK.....	fr. c.
Or.	20 kronen.............	27.71
Or.	10 kronen.............	13.85
Argent.	2 kronen.............	2.64
Argent.	1 krone (100 ore)......	1.32
Argent.	50 ore...............	0.66
Argent.	40 ore...............	0.53
Argent.	25 ore...............	0.32
Argent.	10 ore...............	0.13
	ESPAGNE.	
Or.	Doublon, 10 escudos...	25.88
Or.	Doublon, 4 escudos...	10.35
Or.	Doublon, 2 escudos...	5.17
Argent.	Duro, 2 escudos.......	5.15
Argent.	Escudo, 10 réaux......	2.57
Argent.	Peseta...............	0.92
Argent.	1/2 peseta...........	0.46
Argent.	Réal................	0.23
Or.	25 pesetas...........	24.94
Argent.	5 pesetas...........	4.96
Argent.	2 pesetas...........	1.84
Argent.	1 pesetas...........	0.92
Argent.	2 réales, 1/2 pesetas..	0.46
	La piastre forte vaut....	5.20
	EMPIRE OTTOMAN.	
Or.	500 piastres, bourse....	113.47
Or.	250 piastres..........	56.73
Or.	100 piastres, livre.....	22.69
Or.	50 piastres..........	11.35
Or.	25 piastres..........	5.67
Argent.	20 piastres..........	4.40
Argent.	10 piastres..........	2.20
Argent.	5 piastres..........	1.10
Argent.	2 piastres..........	0.44
Argent.	1 piastre, 40 paras...	0.22
Argent.	1/2 piastre, 20 paras...	0.11

MÉTAL.	PROVENANCE ET DÉNOMINATION.	VALEUR.	MÉTAL.	PROVENANCE ET DÉNOMINATION.	VALEUR.
	PAYS-BAS.	fr. c.		RUSSIE.	fr. c.
Or.	Double ducat..........	23.54	Or.	1/2 impériale, 5 roubles.	20.58
Or.	Ducat................	11.77	Or.	3 roubles............	12.35
Or.	Double Guillaume......	41.58	Argent.	Rouble, 100 kopecks....	3.97
Or.	Guillaume............	20.79	Argent.	Pollinnik, 50 kopecks...	1.98
Or.	1/2 Guillaume.........	10.39	Argent.	Tchetverlak, 25 kopecks.	0.99
Or.	10 florins............	20.76	Argent.	Abassis, 20 kopecks....	0.44
Argent.	Rixdaler, 2 1/2 florins...	5.21	Argent.	Florin polonais, 15 kopecks	0.33
Argent.	1 florin, 100 cents......	2.08	Argent.	Grivenik, 10 kopecks...	0.22
Argent.	1/2 florin............	1.04	Argent.	Piètak...............	0.11
Argent.	25 cents..............	0.50			
Argent.	10 cents..............	0.20			
Argent.	5 cents..............	0.10			
	TUNIS.			ROUMANIE.	
Or.	100 piastres..........	60.32	Or.	20 leys..............	19.95
Or.	50 piastres..........	30.16	Or.	10 leys..............	9.97
Or.	25-piastres..........	15.08	Or.	5 leys..............	4.99
Or.	10 piastres..........	6.03	Arg.	2 leys..............	1.84
Or.	5 piastres..........	3.02	Arg.	1 ley	0.92
Arg.	2 piastres..........	1.23	Arg.	1/2 ley, 50 banis......	0.46
Arg.	1 piastre..........	0.61			

Tableau des mesures de pays étrangers.

DÉNOMINATIONS.	VALEUR.
ALLEMAGNE.	
Longueurs.	
Mètre ou Stab.	
Centimètre ou Neu-zoll.	
Millimètre ou Strich.	
Décamètre ou Kette.	
Kilomètre.	
Mille	7.500m
Surface.	
Comme en France.	
Volume.	
Mètre cube, Kubikstab.	
Litre ou Kanne.	
Demi-litre ou Schoppen.	
Hectolitre ou Foss.	
50 litres ou Scheffel.	
Poids.	
Kilogramme.	
Pfund	500g
Neuloth	10
Zentner	50k000
Tonne	1.000
ANGLETERRE.	
Longueur.	
Inch, pouce (1/16 de yard)	0m0254
Foot, pied (1/3 de yard)	0 3048
Yard	0 9143
Falhom (2 yards)	1 8287
Pole ou perch (5 1/2 yards)	5 0291
Furlong (220 yards)	201 164
Mile (1.760 yards)	1.609 315

DÉNOMINATIONS.	VALEUR
Superficie.	m. q.
Yard carré	0,836097
Rod (perch carré)	25,2919
Rood (1.210 yards carrés)	1011.6775
Acre (4.840 yards carrés)	4046.71
Capacité.	
Pint (1/3 de gallon)	0 lit. 598
Quart (1/4 de gallon)	1 136
Gallon	4 543
Pech (2 gallons)	9 087
Bushel (8 gallons)	36 347
Sack (3 bushel)	109 043
Quarter (8 bushel)	290 781
Chaldron (12 sacks)	1308 516
Poids.	
Grain (1/24 de pennyweight)	0g064
Pennyweight 20e d'ounce)	1 555
Ounce (12e de livre troy)	31 103
Livre troy	373 242
Dram (16e d'ounce)	1 772
Ounce (16e de livre a.d.p.)	28 349
Livre avoir du poids	453 592
Quintal (112 livres)	50k802
Ton (20 quintaux)	1016 048
RUSSIE.	
Longueur.	
Pied anglais	0m3048
Sagène (7 pieds) toise	2 1335
Archine (1/3 de sagène)	0 7112
Verchoc (1/16 d'archine)	0 0444
Werst (500 sagènes)	1067 0000

DÉNOMINATIONS.	VALEUR.	DÉNOMINATIONS.	VALEUR.
SUISSE.		BELGIQUE. — ITALIE.	
Toise (6 pieds).........	1m80	Mille métrique.........	1000
Pied, unité...........	0 30	MARINE FRANÇAISE.	
Pouce (1/10 de pied)....	0 03	Lieue marine..........	5556m000
Ligne (1/10 de pouce) ..	0 003	Mille marin (1/3 de lieue)	1852 000
Trait (1/10 de ligne)....	0 0003	Brasse (5 pieds)........	1 624
Lieue (16.000 pieds)....	4k 800	Nœud (1/120 du mille)..	15 432
HOLLANDE.		Encâblure de 100 toises..	194 904
El................	1m00	Encâblure nouvelle.....	200 000
Mijl (maïl)	1000 00	Chaque nœud parcouru dans 30 secondes correspond à une marche d'un mille marin à l'heure. Exemple : 15 nœuds en 30 secondes, ou 15 milles à l'heure ou 5 lieues.	
TURQUIE.			
Archinne	0m757		
Pouce (1/24 d'archinne)..	0 0315		
Endazé (pic pour étoffes).	0 68		

FORTIFICATION.

Pénétration des projectiles. Épaisseur des parapets.

NATURE DES PROJECTILES.	NATURE DE LA TERRE.	PÉNÉTRATION ORDINAIRE.	ÉPAISSEUR NÉCESSAIRE.
Balles..........	....	de 0m,30 à 0m,45	de 0m,50 à 0m,60
Projectiles creux de campagne.	Sable rassis	1m,50 à 2m,00	3m,00.
	Terre ordinaire..	2m,00 à 3m,00	4m,00.
	Argile grasse	4m,00 à 4m,50	5m,00.
	Neige.	le double.	

Profil d'un retranchement rapide.

5 à 6 heures de travail.

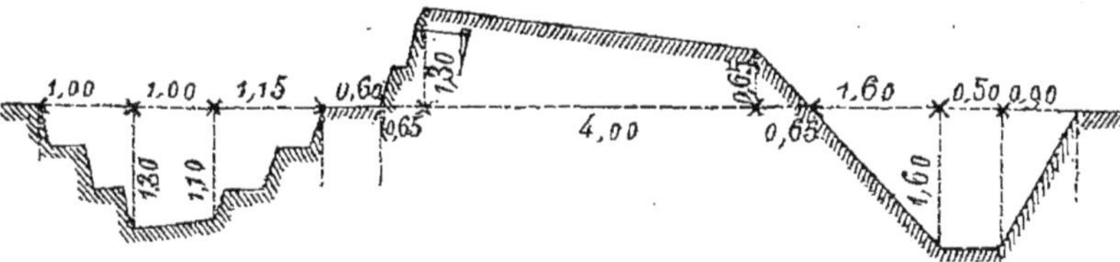

Disposition des travailleurs.

2 hommes { Pelles 2 / Pioche 1	0 60	2m,00 ou 1m,30 Longueur de la pelle du génie.	Un régaleur ou un dameur	3 hommes { Pelles 2 / Pioches 2
......3m,15......	0 60	........5m,30..........		......3,00.....

Retranchement expéditif.

1 heure à 1 heure 1/2.

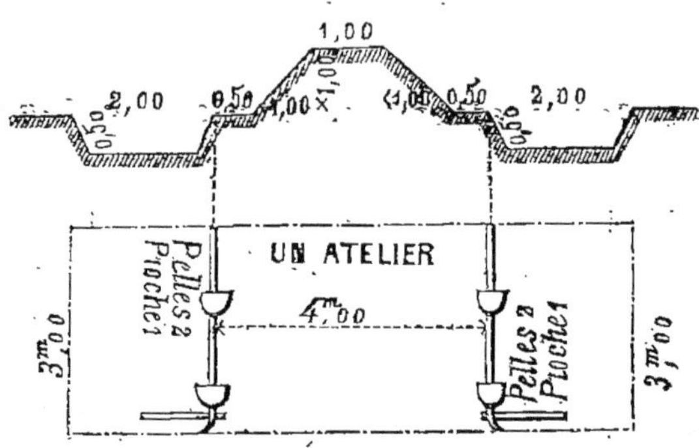

Tranchée-abri.

1/2 heure.

Abri de tirailleurs.

10 à 15'

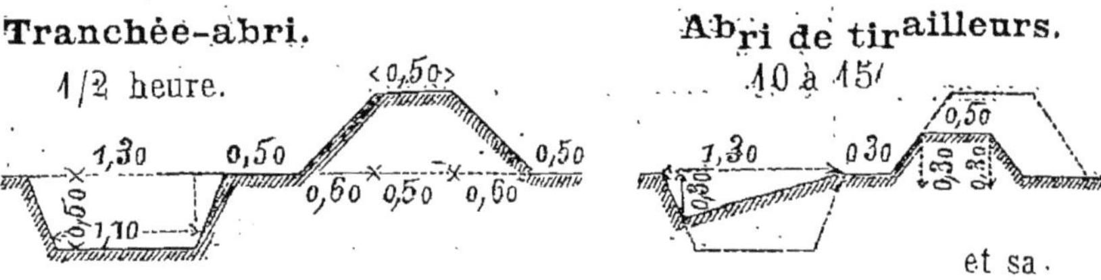

et sa transformation en tranchée-abri.

Travailleurs. — Même disposition que ci-dessus pour les ateliers, ou bien, plus vite, la troupe étant face à la tranchée, en conservant entre chaque homme l'intervalle réglementaire, le 1er rang travaille seul, et l'atelier a 2m,10. Pour les retranchements expéditifs et rapides, chaque rang déblaie un fossé.

Embuscade de tirailleurs.

2 hommes, 1/2 heure.

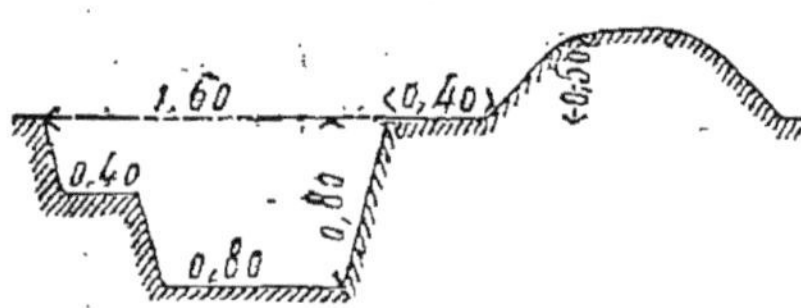

On dispose les terres en retour à chaque extrémité.

Parapet ondulé.

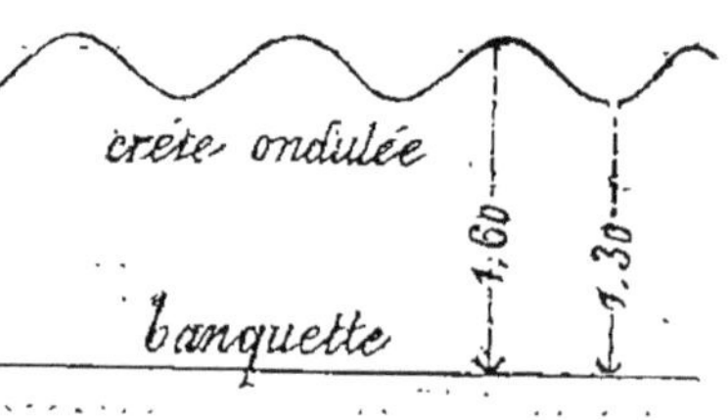

Bonnettes.

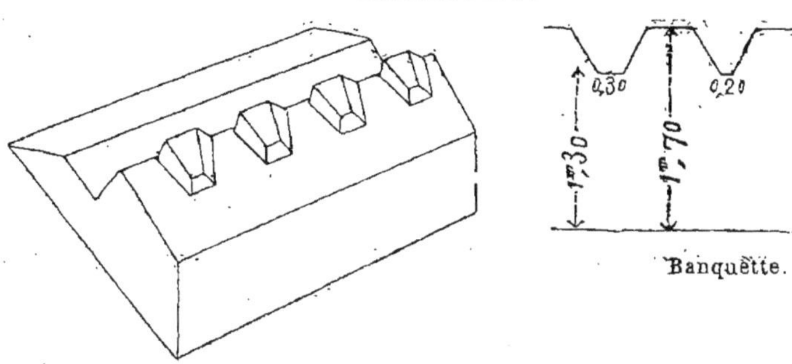

Batteries.

Dans les retranchements expéditifs (à faire).

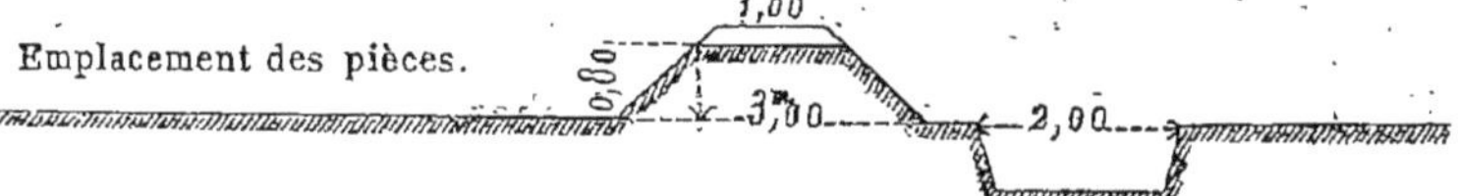

Dans les retranchements déjà construits.

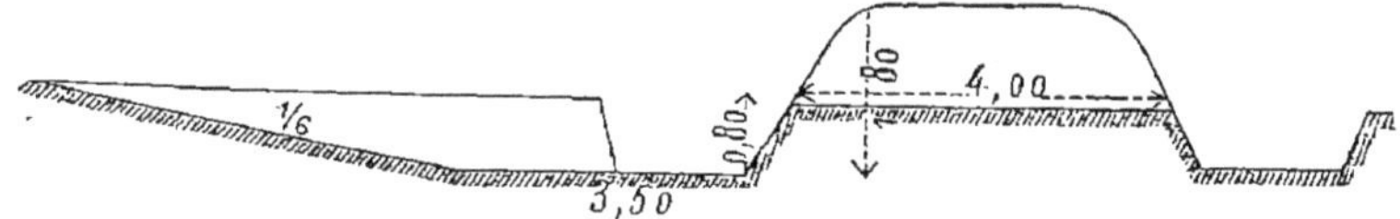

Dans les tranchées-abris.

Profondeur de la plate-forme et rampe comme ci-dessus.

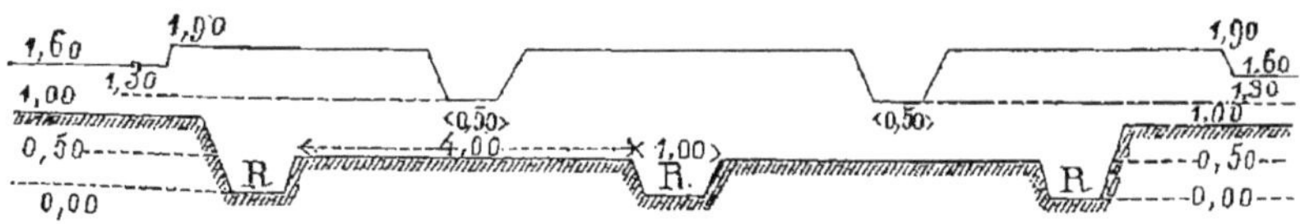

Abris de munitions.

R, rigole pour les servants.

Batteries en dehors des retranchements.

2 heures ; 2 hommes par mètre courant. Épaulement souvent pour une seule pièce. 15 mètres au moins entre deux épaulements.

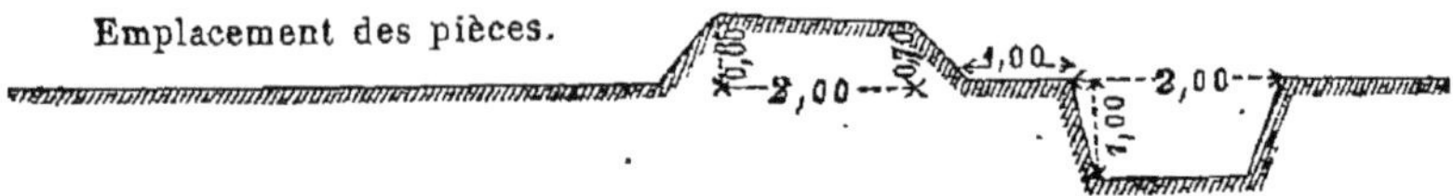

Recommandation. — Dissimuler le plus possible l'ouvrage, en répandant herbe ou branchages sur talus extérieurs.

Partie de la ligne de feu occupée par une pièce.

Dans un angle droit, 14 mètres ; sur une face, 6 mètres ; à côté d'une autre pièce, 5 mètres ; recul, 7 mètres ; rampes, 1/6.

Epaulement pour pièce de campagne enterrée.

1 h,1/4, avec 6 hommes, 4 pelles, 2 pioches.

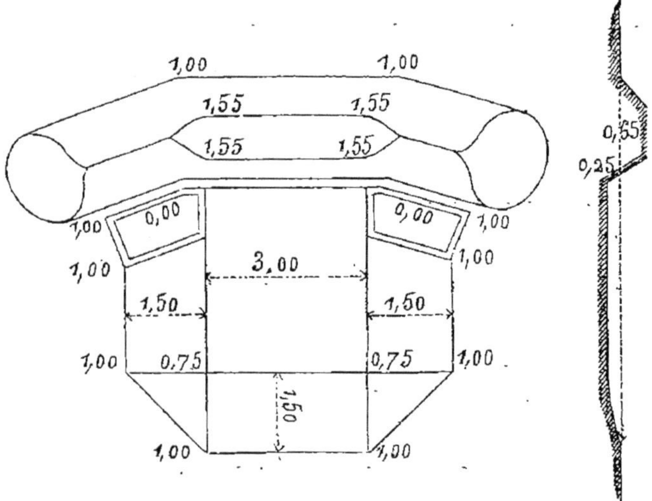

Cet épaulement peut être mis à l'épreuve de l'artillerie de campagne, en faisant en avant un fossé et rejetant les terres contre l'épaulement.

Créneaux en sacs à terre.

On peut aussi se servir de gazons (même disposition).

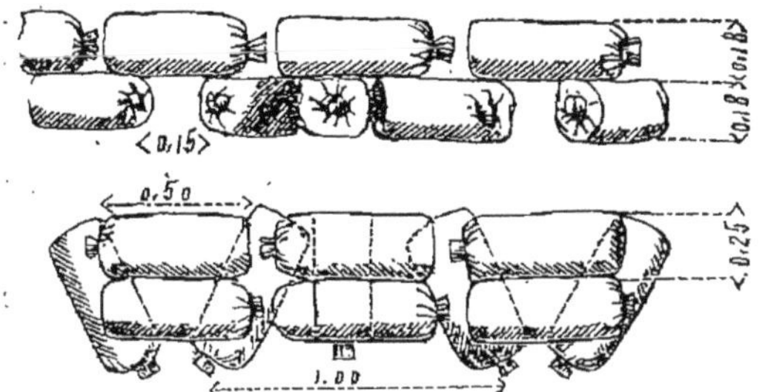

Il faut sept sacs à terre par mètre courant.

Palanques.

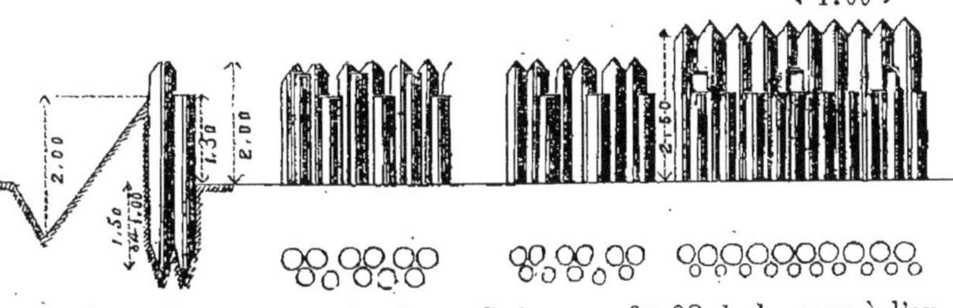

De 0m,20 à 0m,30 de diamètre. Créneaux, 0m,08 de largeur à l'extérieur, 0m,25 de haut.

Destruction. — Hache ; poudre, 15 à 20 kil. par mètre courant ; dynamite, 3 à 4 kil.

Abatis.

Arbres de 0m,12 à 0m,15, bonne grosseur.

Sur place. — Scier les arbres à 0m,50 du sol, sans les détacher complétement de leur souche. Entremêler les branches, appointer les plus fortes.

De transport. — Arbres de 0m,12 à 0m,15 de diamètre ; les élaguer avant le transport, qui exige pour chaque arbre une vingtaine d'hommes, ou un avant-train attelé de 2 chevaux. Fixer les troncs au sol par pieux à crochets. Arbres de 5 à 6 mètres de long.

De branches. — Branches ou petits arbres de 0m,05 à 0m,10 ; les placer par rangées. Au-dessus de chaque rangée, une perche transversale, fixée au sol par de solides piquets à crochets. Série de petits fossés triangulaires sous ces abatis ; les terres jetées en avant les protégent contre les feux de l'artillerie.

Travailleurs. — Placés sur la lisière, un homme par mètre courant, peuvent organiser un abatis sérieux, sur 12 mètres de profondeur, en 1 heure.

Il suffit de 4 à 9 minutes, à un atelier de 9 hommes, pour abattre, au passe-partout et à la hache, des arbres de 0m,40 à 0m,90 de diamètre. Avec hache seule, de 20 minutes à 2 heures.

Avec la scie articulée, ne pas s'attaquer à des arbres de plus de 0m,50. Arbres de 0m,25 à 0m,50, 5 à 10 minutes de travail avec 4 hommes. Pour ce cas, atteler des commandes à la scie articulée, la faire manœuvrer par 2 hommes à chaque extrémité ; placer un coin dans l'entaille.

Fixer toujours 1 ou 2 câbles vers les 2/3 de la hauteur de l'arbre, pour le bien abattre.

Arbre prêt à être abattu dans le sens indiqué par la flèche.

Abatage des taillis. — 1 homme peut raser 50 mètres carrés de taillis par heure, avec la serpe et la hache à manche court.

Réseaux de fils de fer.

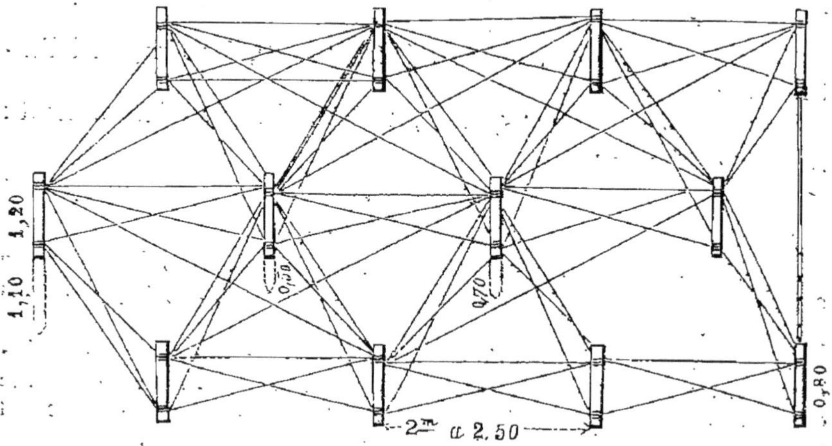

4 hommes peuvent, par heure, préparer de 10 à 12 mètres carrés de réseau, à l'aide de la pince coupante et de la pince ordinaire. Il faut environ 10 mètres de fil de fer par mètre carré.

Ordre du travail : 1° saillants ; 2° rentrants ; 3° débouchés de routes.

Destruction. — Couper les piquets à la hache ou les fils de fer avec la pince coupante.

Petits piquets.

Plantés irrégulièrement. Rendre un gué impraticable. Destruction, hache et pince.

Revêtement des talus.

En gazons.

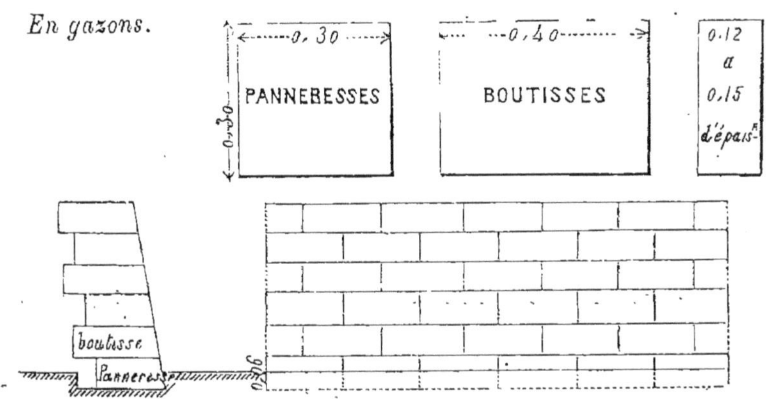

3 hommes : le 1er présente les gazons, le 2e les pose, le 3e garnit en arrière avec de la terre bien damée.

L'herbe en dessous, excepté pour la rangée supérieure. Alternativement 1 boutisse et 1 panneresse, ou 2 boutisses et 1 panneresse, et toujours plein sur joint.

En sacs à terre. — Comme en gazons.

En pierres sèches. — Ne pas l'élever à plus de 0m,30 à 0m,40 au-dessous de la ligne de feu.

En clayonnage ou branchages. — Forts piquets, distants de 0m,30 à 0m,40, plantés suivant l'inclinaison du talus à soutenir. Harts de retraite les reliant à des piquets enfoncés dans l'intérieur du parapet.

Berges et ressauts de terrain.

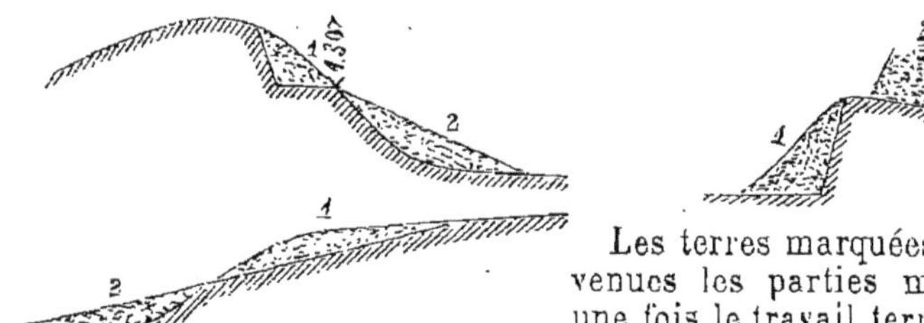

Les terres marquées 1 sont devenues les parties marquées 2, une fois le travail terminé.

Digues et levées de terre.

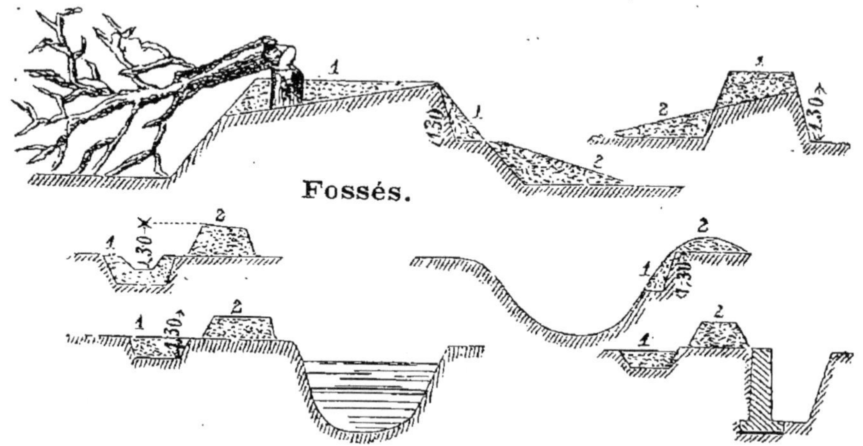

Fossés.

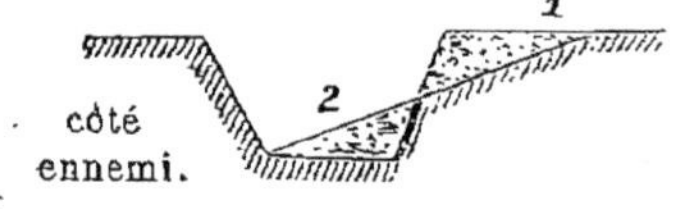

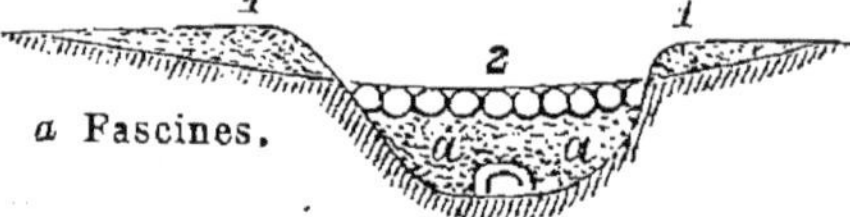

Fossé en avant de la ligne de défense. Fossé intérieur à la position.

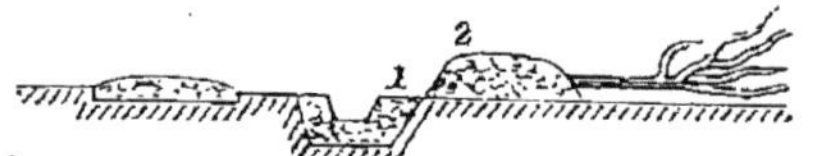

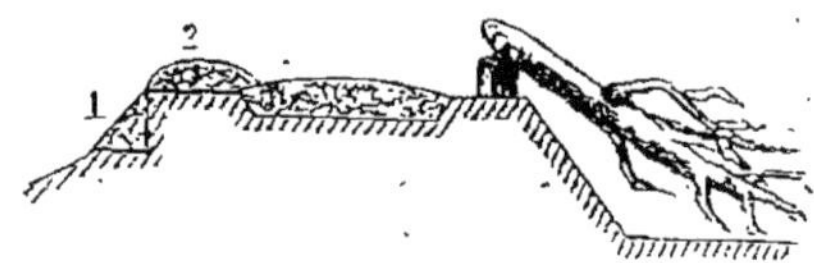

Passages. — Largeur, 3 mètres. Rampes, 1/6. Ménager un passage pour l'eau, s'il y a lieu.

Routes.

Au niveau du sol. En remblai.

Haies, clôtures en bois.

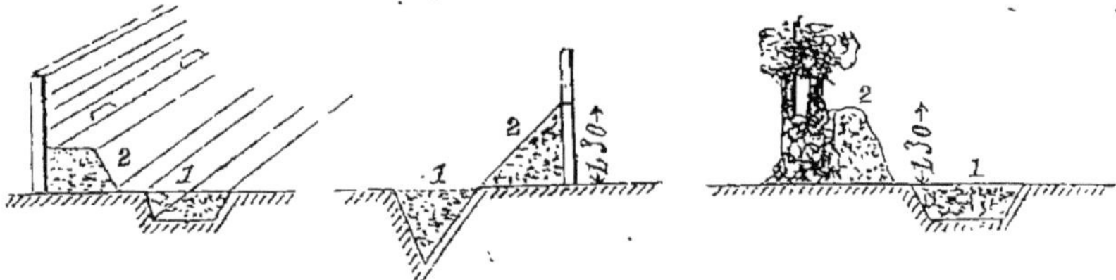

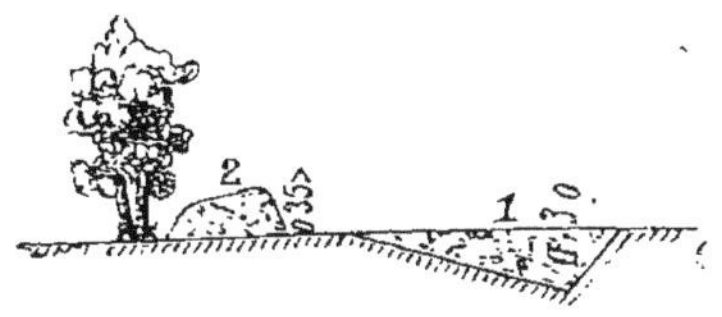

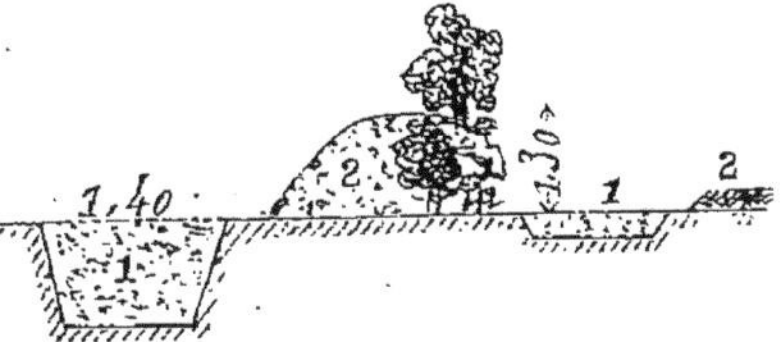

Murs.

Moins de 1m,30.

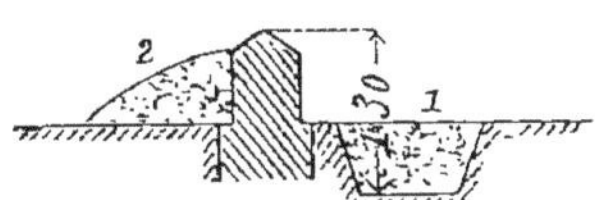

Gazons.

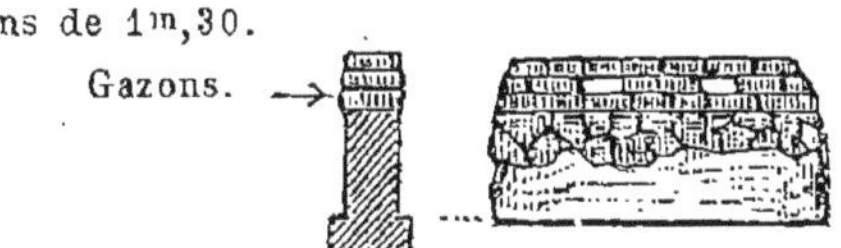

De 1m,30.

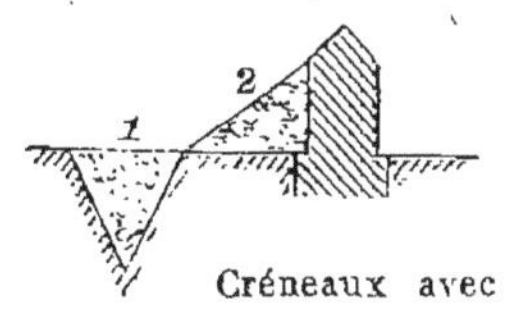

Créneaux avec gazons s'il est possible.

De 1m,30 à 1m,70.

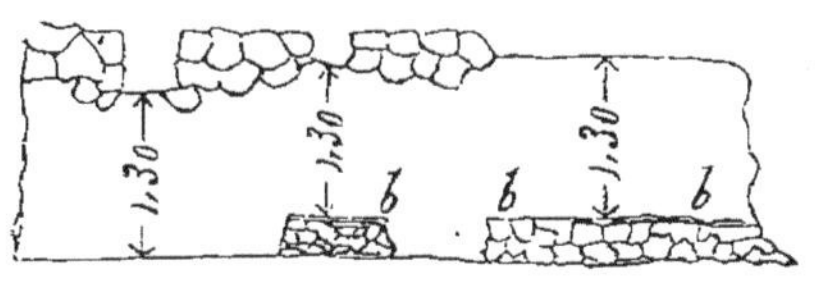

Les banquettes *b* sont construites avec les débris du mur. Elles sont ensuite recouvertes de terre.

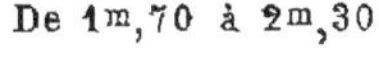

De 1m,70 à 2m,30.

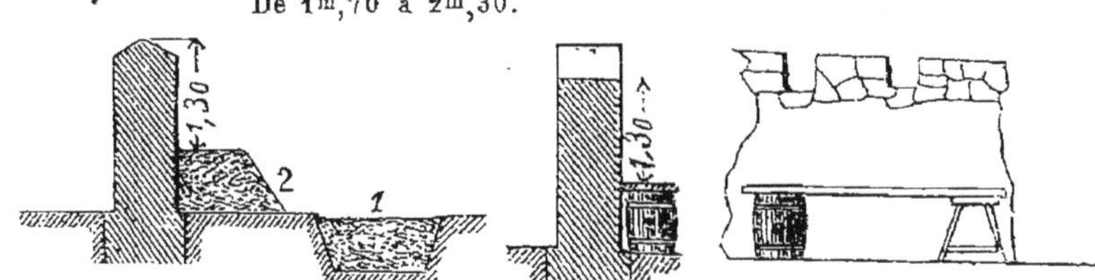

Murs plus hauts. Double étage de feux.

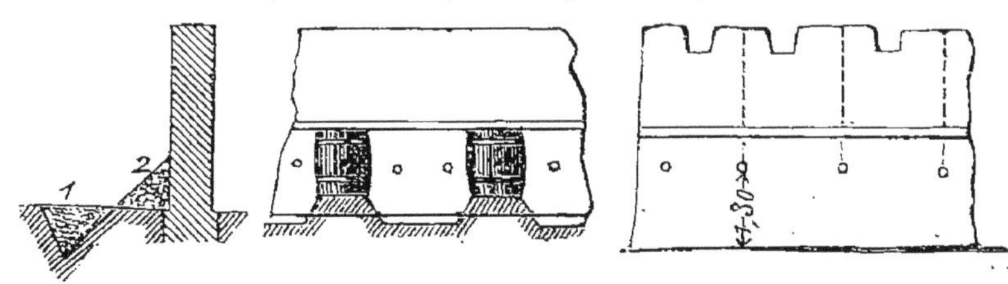

Forme des créneaux. { Défense de front.
Défense de flanc.

Grilles en fer.

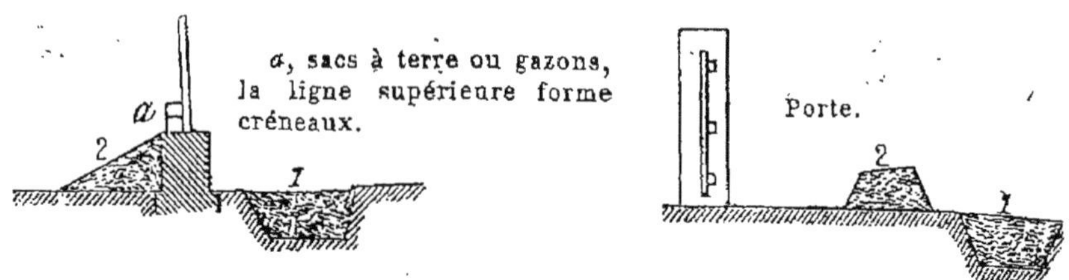

Débouchés d'un bois.

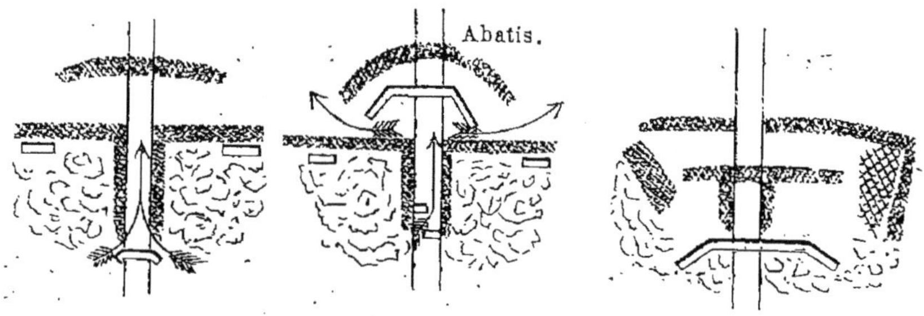

Division de la défense d'un bois en secteurs.

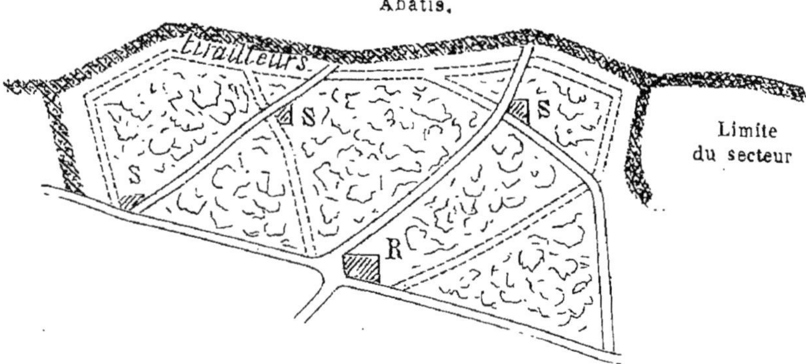

S, soutiens ; *R*, réserve.

:::: Chemins de colonnes à faire en abattant quelques arbres ou en débroussaillant.

Abatis passifs, 80 mètres de profondeur.

Abatis ordinaires, 4 à 5 rangées d'arbres.

Maisons.

1° Barricader les ouvertures ;
2° Creuser petit fossé devant porte d'entrée ;
3° Créneaux dans portes, volets, barricades, sous les tuiles du toit ;
4° Raser les couverts des environs, éloigner toute matière inflammable, et se procurer de l'eau dans toutes les pièces.

Effectif. — 2 ou 3 hommes par ouverture, ou bien la fraction constituée dont l'effectif se rapproche le plus du nombre de mètres de développement du mur extérieur.

Fermes.

1° Enceinte extérieure ;
2° Flanquement du pourtour ;
3° Organisation des débouchés ;
4° Mise en état de défense des bâtiments ; les faire communiquer entre eux.

Brèches dans les clôtures transversales, pour les communications.

Dispositions pour le flanquement.

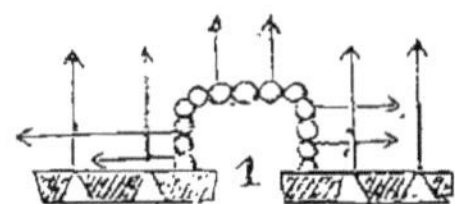

Tambour en palanques.
1 Petite baie percée dans le mur.

Abatis.

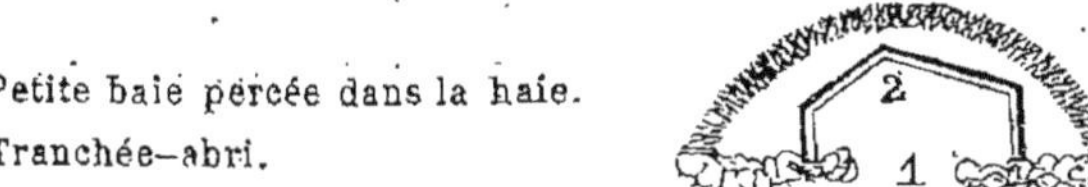

1 Petite baie percée dans la haie.
2 Tranchée-abri.

Débouché d'une ferme.

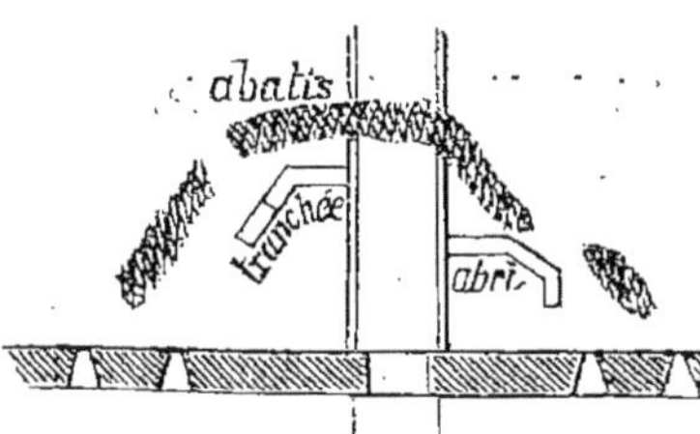

Effectif de la défense :
1° Dans les bâtiments, 2 hommes par mètre ;
2° Enceinte extérieure, 1 homme par mètre :
3° Réserve intérieure, moitié des défenseurs de l'enceinte extérieure.

Villages.

A. 1° *Enceinte extérieure*, au moins à 50 mètres des maisons (conserver les clôtures intérieures parallèles à cette enceinte). Nombreux passages dans les clôtures perpendiculaires. Conserver intactes celles qui séparent les secteurs ;

2° Flanquement du pourtour ;

3° Organisation des débouchés.

B. *Défense intérieure.*

1° Maisons qui peuvent flanquer le pourtour, et principales maisons de l'extérieur. Les maisons qui doivent servir d'appui aux barricades. Celles qui enfilent les rues ;

2° Barricader les rues (charrettes de fumier débarrassées des roues); les placer à l'abri des feux d'artillerie.

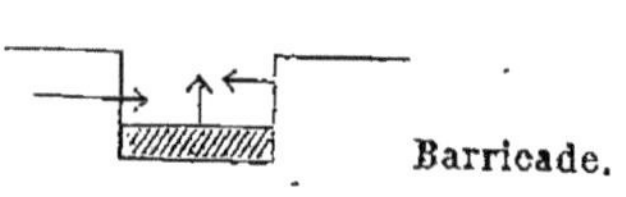

Barricade.

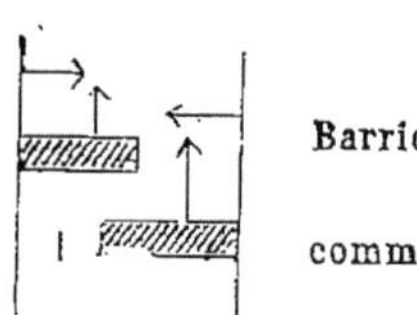

Barricade brisée pour communications.

C. *Réduit. Construction solide.*

1° Pas trop près du point d'attaque probable ;

2° Battre communications les plus importantes ;

3° Sur la ligne de retraite ;

4° Ne pas choisir le bâtiment le plus en vue.

D. *Communications d'une enceinte à l'autre*, par chemins indirects, inconnus à l'ennemi, préparés à travers murs, haies, maisons, et démasquant les feux de l'enceinte intérieure.

Travailleurs. — Moitié à l'enceinte extérieure, moitié à l'enceinte intérieure et au réduit.

Village en long parallèlement à la ligne de bataille.

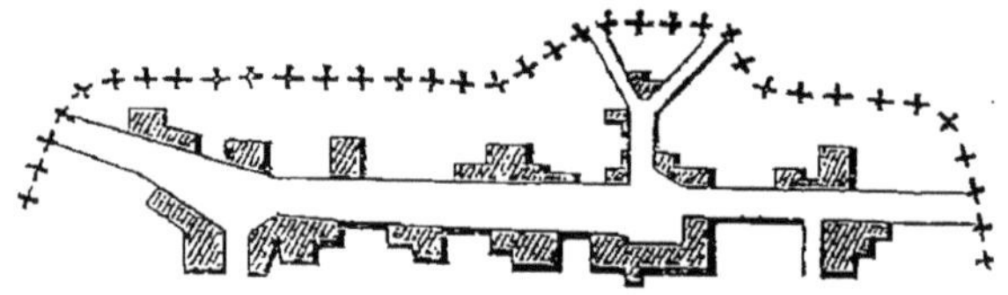

Village en long perpendiculairement à la ligne de bataille.

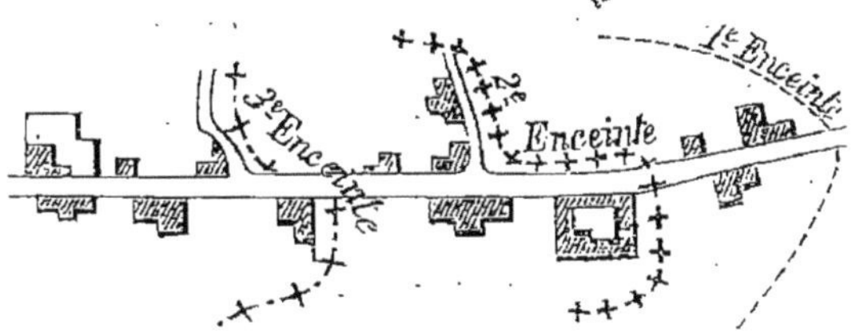

Tracé des lignes de retranchement.

1° Les différentes parties doivent se flanquer ;
2° Longueur des lignes de défense, 300 à 400 mètres ;
3° Angles de défense plus grands que 90°.
4° Appuyer la ligne à des obstacles infranchissables ou à des ouvrages fermés ;
5° Etablir les saillants sur les points les plus difficiles à aborder.

Monticule isolé.

Tranchée-abri sur la crête militaire.
Batteries sur les éperons et en arrière.

Gourbi et grande tente creusée.

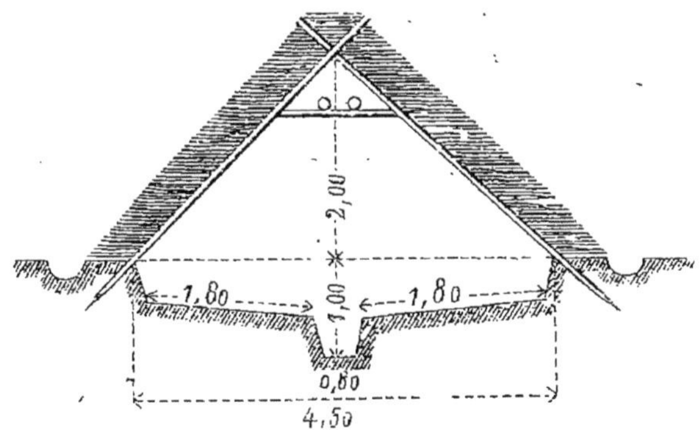

Perches de 3m,50 à 4 mètres ; diamètre de 0m,06 à 0m,10, enfoncées de 0m,40 à 0m,50 dans le sol.

3 perches de chaque côté, pour 2 mètres de longueur de gourbi. Les assembler à mi-bois. — Largeur, à raison de 0m,75 par homme

sur chaque lit de camp. Des claies placées sur les lits de camp préservent de l'humidité.

Pour une compagnie de 200 hommes, 10 baraques de 7m,50; moins de 2 jours.

Pour l'hiver, établir une cheminée au milieu d'un des côtés ou vis-à-vis la porte.

Guérites.

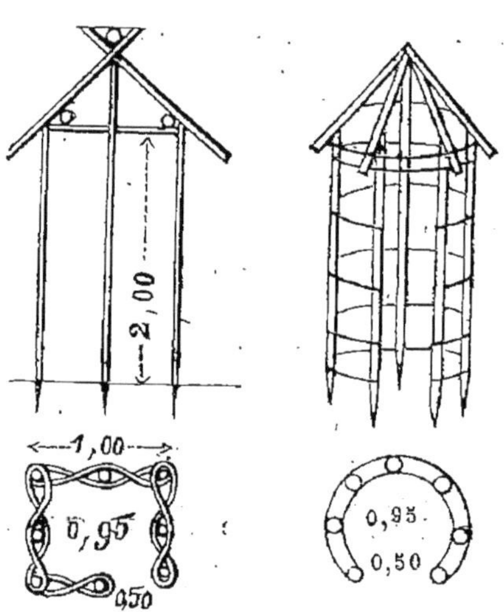

Chevalets d'armes.

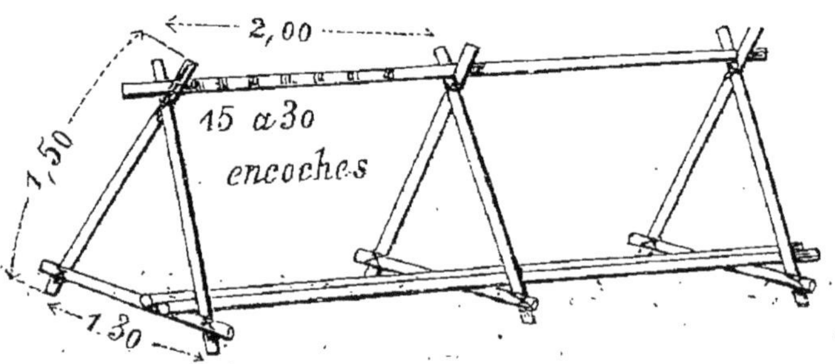

Abris pour les hommes au bivouac.

a, *b*, piquets fourchus enfoncés dans le sol.

a b, petites perches reliant le sommet des piquets.

c, branches avec leurs feuilles, recouvrant les hommes. Longueur, 3 mètres à 3m,50.

d, pierres sèches.

f, feu, 1 à 2 mètres de diamètre.

r, rigole d'écoulement.

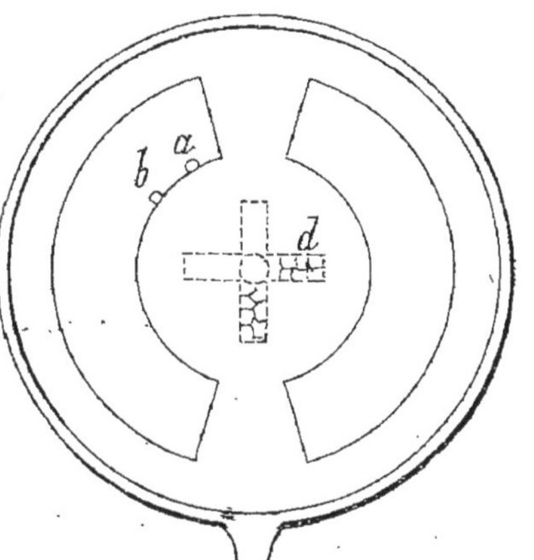

Cuisine circulaire.

Quand on doit rester longtemps dans un camp.

Entre les deux plus grandes circonférences, une tranchée de 0m,30 de profondeur.

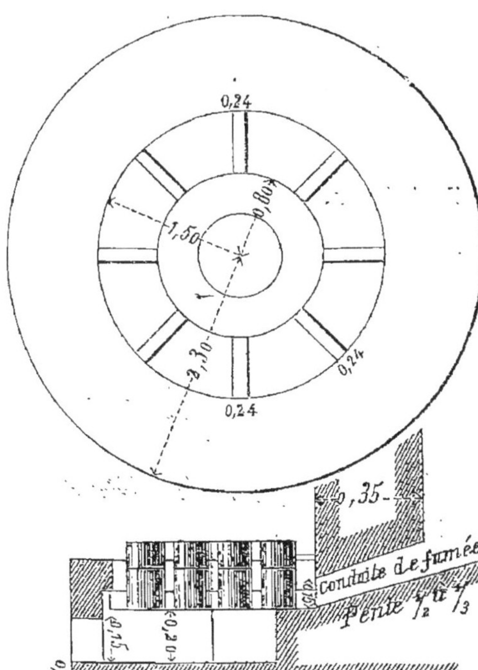

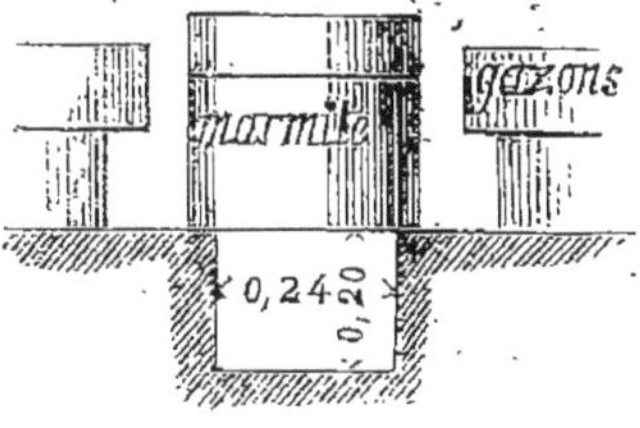

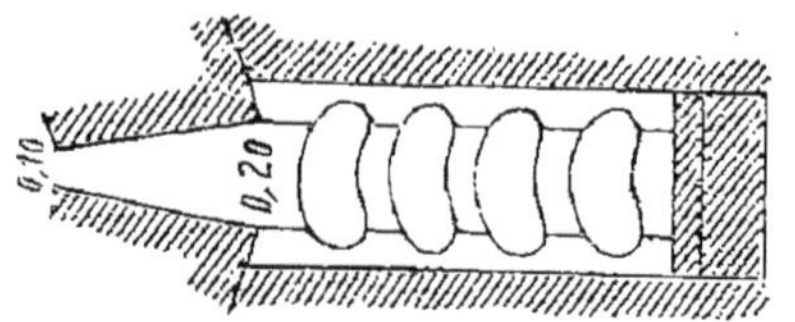

Plan du conduit de fumée.

Cuisine ordinaire.

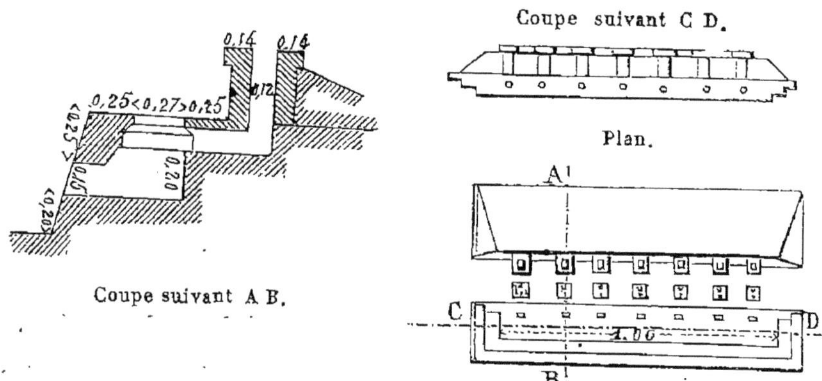

Coupe suivant C D.

Plan.

Coupe suivant A B.

Latrines.

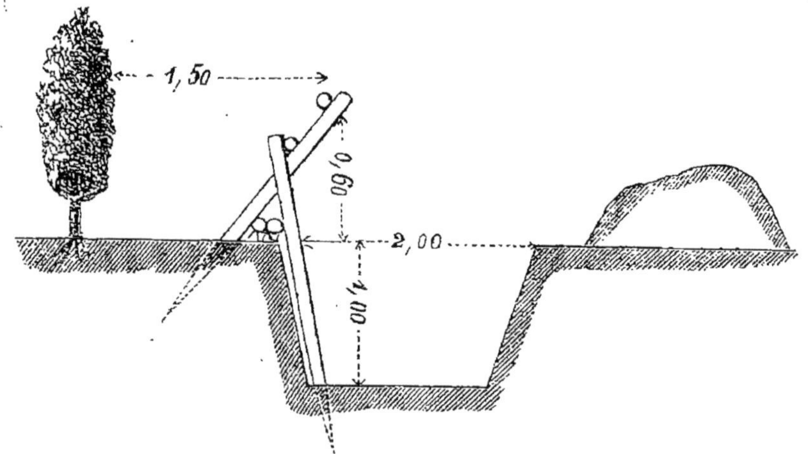

Ouvrages mi-fermés.

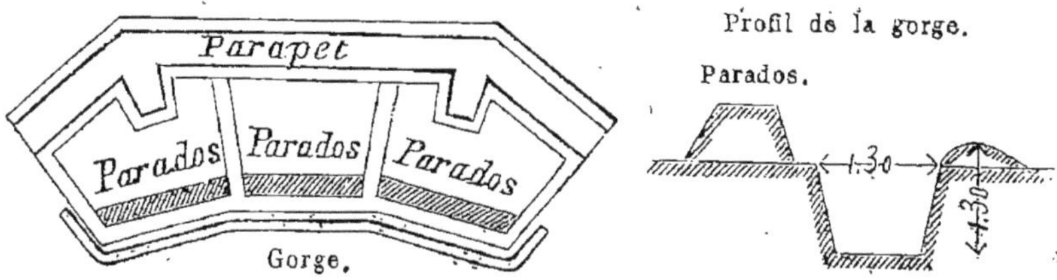

Batteries dans les ouvrages.

SERVICE EN CAMPAGNE.

Orientation.

Pendant le jour. — A l'aide d'une montre, quand le soleil paraît. Le soleil se lève vers l'est, passe au sud à midi, et se couche vers l'ouest. Pour s'orienter à l'aide du soleil et d'une montre, voir le tableau ci-dessous, qui donne aussi les heures moyennes du lever du soleil pendant les différents mois de l'année.

MOIS DE L'ANNÉE.	HEURES du lever.	HEURES DU PASSAGE à l'est.	au sud-est.	au sud.	au sud-ouest.	à l'ouest.	HEURES du coucher.
	h. m.	matin.	matin.		soir.	soir.	
Janvier	7 50	»	9	midi	3	»	4 31
Février	7 10	»	9	midi	3	»	5 19
Mars	6 15	»	9	midi	3	6	6 3
Avril	5 9	6	9	midi	3	6	6 51
Mai.........	4 20	6	9	midi	3	6	7 33
Juin........	3 58	6	9	midi	3	6	8 3
Juillet	4 15	6	9	midi	3	6	7 56
Août	4 54	6	9	midi	3	6	7 14
Septembre ..	5 38	6	9	midi	3	6	6 12
Octobre.....	6 22	»	9	midi	3	»	5 9
Novembre. ..	7 11	»	9	midi	3	»	4 18
Décembre ...	7 50	»	9	midi	3	»	4 2

Si le soleil ne paraît pas, interroger les habitants sur les points où le soleil se lève et se couche. On ne peut avoir que des indications assez vagues au moyen de l'écorce des arbres isolés, où il vient souvent de la mousse vers le nord-ouest. Les surfaces battues le plus souvent par la pluie et le vent fournissent le même renseignement.

Au moyen d'une carte. — Sur une route, placer la carte de manière que la route, sur la carte, soit dans la même direction que sur le terrain ; en déduire l'orientation. On peut aussi placer une ligne qui joint deux points remarquables du terrain sur la carte (2 clochers, par exemple), dans une direction parallèle à la ligne du terrain, qui joindrait ces deux points. Il est bon, pour ne pas se tromper dans cette

Tableau des heures approximatives du passage de la lune aux différents points cardinaux et intermédiaires.

AGE DE LA LUNE.	PASSAGES VISIBLES PENDANT LA NUIT				
	à l'est.	au sud-est.	au sud.	au sud-ouest.	à l'ouest.
	h. m.	h. m.	h. m.	h. m.	h. m.
2	»	»	»	»	soir. 6 51
3	»	»	»	»	7 42
4	»	»	»	»	8 35
5	»	»	»	soir. 6 26	9 26
6	»	»	»	7 17	10 17
7	»	»	»	8 9	11 9
8	»	»	soir. 6	9	12
9	»	»	6 51	9 51	matin. 12 51
10	»	»	7 42	10 42	1 42
11	»	»	8 35	11 35	2 35
12	»	soir. 6 26	9 26	matin. 12 26	3 26
13	»	7 17	10 17	1 17	4 17
14	»	8 9	11 9	2 9	5 9
15	soir. 6	9	12	3	6
16	6 51	9 51	matin. 12 51	3 51	»
17	7 42	10 42	1 42	4 42	»
18	8 35	11 35	2 35	5 35	»
19	9 26	matin. 12 26	3 26	»	»
20	10 17	1 17	4 17	»	»
21	11 9	2 9	5 9	»	»
22	12	3	6	»	»
23	matin. 12 51	3 51	»	»	»
24	1 42	4 42	»	»	»
25	2 35	5 35	»	»	»
26	3 26	»	»	»	»
27	4 17	»	»	»	»
28	5 9	»	»	»	»

FORMES APPARENTES DE LA LUNE d'après son âge.

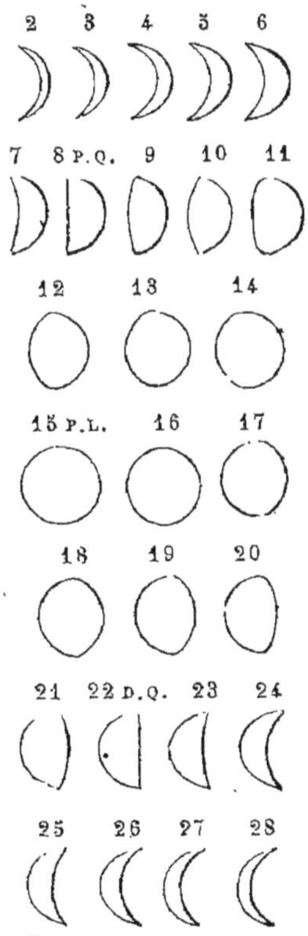

2 3 4 5 6

7 8 P.Q. 9 10 11

12 13 14

15 P.L. 16 17

18 19 20

21 22 D.Q. 23 24

25 26 27 28

Lorsque la lune est nouvelle, c'est-à-dire à son premier jour, elle n'est pas visible.

circonstance, de se trouver soi-même sur la direction des deux points.

Pendant la nuit. — 1° Au moyen de la *lune* et d'une montre. Pendant la *période croissante*, la *lune* a la *forme* d'un *D*. Elle est visible au coucher du soleil. Pendant la *période décroissante*, la *lune* a la *forme* d'un *C*. Elle se lève de plus en plus tard après le coucher du soleil.

2° Au moyen de l'*étoile polaire*. — On la trouve en prolongeant dans le sens de la concavité du timon de la Grande Ourse (ou Chariot) la ligne formée par les deux roues de derrière du chariot d'environ cinq fois sa longueur.

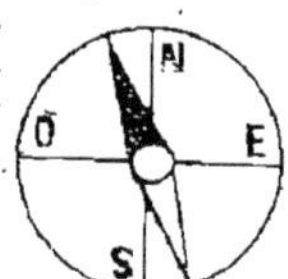

En tout temps, le moyen le plus sûr consiste à se servir d'une *boussole*. La pointe bleue de l'aiguille se dirige presque exactement vers le Nord. La différence constitue un angle appelé déclinaison de l'aiguille, qui est aujourd'hui de 17°,9' et qui diminue environ de 9' par an.

AVANT-POSTES.

Sentinelles.

Emplacement. — Grandes lignes du terrain à peu près parallèles au front des troupes à couvrir ; au delà des couverts ou sur la lisière du côté de l'ennemi, surtout sur chemins conduisant vers lui.

Relèvement. — Toutes les deux heures ou toutes les heures. Mêmes hommes aux mêmes sentinelles. Sentinelle relevée fait son rapport en rentrant au poste.

Attitude. — Attentive dans direction indiquée. Arme chargée. Pas d'honneur. Répondre à un supérieur sans cesser d'observer.

Indices. — Nuages de poussière. Fumée. Roulement de voitures, claquements de fouets. Hennissements de chevaux, aboiements prolongés de chiens. Traces d'hommes, chevaux, voitures, inquiétude des habitants. *Signal : Chef de poste !* La nuit, un des deux hommes vient prévenir.

Parlementaires. — Les arrêter à 100 mètres. Face à l'extérieur. Pas communiquer avec eux. *Signal : Chef de poste !*

Déserteurs. — 1° *Du corps.* Feu sur lui, ou, si l'on peut l'arrêter, le conduire au petit poste.

2° *Ennemis.* Arrêter à 100 mètres. Déposer armes, attacher ou dessangler chevaux. Les conduire au petit poste. Si nombreux, ne les laisser approcher que successivement. Ne jamais leur indiquer, pour passer, un gué que l'on garde. *Signal : Troupe !*

Personnes qui veulent franchir la ligne. — Doivent être accompagnées d'un homme ou caporal du poste. Cas contraire : *Halte-là ! Halte-là ! Feu !* La personne qui s'est arrêtée, conduite au poste. Si plusieurs personnes, prévenir poste. *Signal : Troupe !*

Reconnaissance des rondes et patrouilles. — Si doute, ou pendant la nuit : *Halte-là !* (ou *Signal : Halte-là !*) *Halte-là ! Feu !* ou *Halte-là ! Qui vive?* (France. Ronde ou patrouille). *Avance à l'ordre !* (mot d'ordre), mot de ralliement (noms des hommes). Prévenir toujours de l'approche d'une troupe armée. *Signal : Troupe.*

Approche de l'ennemi. — *Signal : Ennemi !* Y ajouter : *Signal : Troupe !* si l'ennemi est en force. *Sentinelle surprise : Feu ! Feu ! Feu !* quand même. Rejoindre poste par circuit.

La nuit. — Jamais s'envelopper la tête. Pas fumer. Silence. Point de repère dans direction ennemie. Sauf rondes, patrouilles ou ordre du commandant de grand'garde, personne traverser la ligne. Coups de feu dans le voisinage, un des hommes, sans trop s'éloigner, va dans la direction, l'autre reste où il a été placé.

Sentinelle devant les armes. — Répéter signaux faits par sentinelles. Avertir de ce qu'elle remarque.

Petits postes.

Emplacement. — Communications faciles avec sentinelles et grand'-garde. Abrité sans empêcher l'observation.

Instructions du commandant de grand'garde. — Détaillées sur service et surveillance. Conduite en cas d'attaque ou de retraite forcée. Emplacement postes voisins. Nouvelles de l'ennemi. Mot d'ordre et de ralliement. Heures de l'envoi des rapports. Chef de poste, par écrit, instructions principales, demande éclaircissements nécessaires.

Départ. — Éclaireurs et flanqueurs, composés de chefs de patrouille et des hommes qui doivent former la première pose. Le caporal de l'escouade au groupe de droite. Etudier terrain parcouru. Diviser poste : 3/4 pour sentinelles (4 poses), 1/4 patrouilles. Prendre pour patrouilleurs les chefs de patrouille de chaque escouade. Numéroter sentinelles de droite à gauche.

Placement des sentinelles. — Patrouilles (de protection) doivent dépasser éclaireurs de 500 à 800 mètres. Poste à emplacement provisoire aux ordres d'un sous-officier. Chef de poste, avec caporal d'escouade (il le trouve aux flanqueurs de droite), va placer la première pose. Position, entreprises probables de l'ennemi. Voies de communications. Villages. Points topographiques marquants. Points de repère, leur distance. Mot d'ordre et de ralliement. Signaux de jour : 1° *Chef de poste ;* 2° *Troupe ;* 3° *Ennemi ;* de nuit : 1° *Halte-là !* 2° *Qui vive ?*

Installation définitive. — Sentinelles placées, petit poste emplacement définitif. Patrouilles vers postes voisins. Patrouilles de protection rentrées font leur rapport. Alors, former les faisceaux. Instruire commandant de grand'garde des emplacements choisis. Rapport d'installation. Rapports de renseignements aux heures prescrites. Avis urgents (modèles dans le calepin).

Tenue. — Troupe garde équipement. Pas de feu. Le jour, faire reposer le plus de monde possible. La nuit, tout le monde veille.

Laisser-passer. — Chef de petit poste vérifie signature, nombre, identité des personnes. Les faire accompagner pour franchir la ligne. Rendre compte sur rapport.

Personnes venant de l'extérieur. — Interrogées par chef de poste; s'il y a lieu, envoyées à grand'garde.

Déserteurs. — Du corps ou ennemi, conduits au commandant de grand'garde.

Parlementaires. — Chef de petit poste le reconnaître, prévenir commandant de grand'garde. Pas communiquer avec lui. Si défense de le recevoir, le renvoyer immédiatement.

Découverte de l'ennemi. — Aux armes, sans bruit. Chef de petit poste reconnaître personnellement. Ennemi en force, prévenir grand'-garde. Retraite forcée (cas prévu). Ennemi repoussé, faire suivre par patrouilles; leur indiquer une limite. Le petit poste reprend son emplacement, en change bientôt après. Prévenir commandant de grand'-garde.

Patrouilles rampantes. — Chef de petit poste en envoie autant qu'il veut; vont de 500 à 800 mètres.

La nuit. — Emplacement reconnu à l'avance. Exécuter changement sans bruit et sans être aperçu. Poste dans nouvelle position, relever sentinelles. Tout le monde veille.

Postes de 4 hommes. — Choisir pour chefs hommes énergiques. 300 à 400 mètres de grand'garde. Sentinelles relevées d'heure en heure, postes toutes les 4 heures; pas fumer, silence. On intercale souvent ces postes dans une ligne de sentinelles doubles (Voir *Postes détachés*, page 62).

Soupe. — Laisser à grand'garde cuisiniers des petits postes. Si petits postes sont relevés (ordinairement une fois par jour), avant de partir, faire manger ceux qui vont relever. Ceux qui sont relevés trouvent soupe prête en rentrant à grand'garde.

Grand'gardes.

Emplacements. — Fixés par généraux ou chefs d'état-major.

Commandant de grand'garde. — Reçoit du commandant des avant-postes instructions sur emplacement et service particulier; le mot. Formation de marche ou de combat; troupe en deux parties : moitié petits postes, moitié grand'garde. Etudier sur carte terrain à couvrir, ses abords; le pays traversé (défensive, retraite, obstacles à éviter). Fixer heures rondes et patrouilles (ordinaires, vont à 1,000 ou 1,200 mètres). Rester sous les armes jusqu'à petits postes établis. Alors, visite des petits postes. Se faire amener gens du pays, plusieurs, si possible; les interroger séparément. Demander renseignements sur ennemi, noms des villages, où conduisent chemins, si d'autres pour l'ennemi, et où. Situation des défilés, marais, étangs, rivières, ponts, gués, routes.

Rapports. — Transmettre sans retard rapports des petits postes avec observations personnelles.

Attitude. — Toujours prête à marcher, même la nuit. Peut allumer du feu, le dissimuler. Faire la soupe, aussi pour petits postes. Préparer de quoi éteindre les feux.

Consignes. — *Générales.* Avis immédiat (Modèles avis urgents) à postes voisins et troupe en arrière de marche et mouvements de l'ennemi, des attaques à craindre ou soutenues. — *Spéciales.* Reçues seulement des généraux, chef d'état-major et commandant des avant-postes. Droit à communication des consignes et tous renseignements, officiers de l'état-major de corps d'armée ou division, commandant des troupes immédiatement en arrière.

Laisser-passer. — Doivent être présentés par le porteur en personne. Note du nom de la personne et du signataire. Rendre compte sur rapport. Faire accompagner jusqu'au petit poste par lequel la personne doit sortir.

Déserteurs. — *Du corps.* Avis immédiat de changement de mot aux petits postes, commandant des avant-postes et troupe en arrière. — *Ennemis.* Interrogatoire immédiat (Voir *Prisonniers*, ci-dessous).

Prisonniers. — Rapport, sous pli cacheté, de l'interrogatoire immédiat. Numéros de régiment, brigade, division, emplacement. Bruits qui circulaient. S'ils sont nombreux et amenés la nuit, assigner place près du poste, faire surveiller, attacher au besoin; au jour, les faire conduire au commandant des avant-postes.

Parlementaires. — Chef de grand'garde va sur ligne des sentinelles; donner reçu et congédier immédiatement. Envoi immédiat des dépêches. S'il doit traverser les lignes, yeux bandés. L'envoyer quartier général, accompagné d'un officier. Se méfier du trompette retenu au petit poste, les yeux bandés. Aucune conversation avec lui ou près de lui.

Attaque. — *Sur la grand'garde.* Résister jusqu'à ce que troupes en arrière aient pris dispositions de combat. Si ennemi indécision, le repousser ; ennemi inférieur, l'attaquer ; garde d'être coupé et des embuscades. — *Sur grand'garde voisine.* Prendre les armes ; envoyer officier reconnaître et attendre, les divers échelons restant où ils sont.

La nuit. Moitié veille, moitié repos. Une heure avant le jour, tout le monde aux armes jusqu'à rentrée des patrouilles. Cas de changement de position, à la chute du jour. Envoi de postes à la Bugeaud : au loin, en avant, sur chemins, s'arrêtent croisée de routes, changent souvent de place. *Signaux : feu à des meules, bottes de paille.*

Relèvement. — Donner tous renseignements, parcourir terrain avec celui qui relève. Chefs de petits postes de même. Chef de grand'garde relevée peut faire reconduire sa troupe, il revient le plus tôt possible faire son rapport.

Réserve.

Bivouaque, se relie constamment avec grands'gardes, corps principal avec elle. Sonneries en cas d'alarme seulement. Troupes toujours prêtes à prendre les armes, chevaux sellés. Fournir patrouilles de reconnaissance (jusqu'à une compagnie).

Commandant des avant-postes.

Reçoit du général de brigade instructions détaillées et mot.

Place. — A la réserve ; s'il n'y en a pas, à une grand'garde ou point central. En informer chefs des grand'gardes et troupes en arrière.

Visites. — Grand'gardes établies, il les visite, vérifie positions, reconnaît terrain. S'il fait des changements, rendre compte tout de suite à général de brigade. Modifications pour nuit assez à temps pour pouvoir reconnaître.

Rapports. — Sur l'établissement des avant-postes et sur tous renseignements. Fixer heures d'arrivée des rapports des grands'gardes. Vérifier exactitude des rapports qu'il transmet. Cas importants, envoyer pour donner explications celui qui a fourni renseignement. Ni exagérer ni atténuer les nouvelles. Pas confondre faits avec appréciations personnelles.

Postes détachés.

Fixes. — 1° Renforcer une aile ; 2° Communication entre grand'gardes éloignées ; 3° Occuper points importants en avant ou sur ligne des sentinelles. Commandés par officier, sous-officier ou caporal, fournis par grand'garde ou réserve. Se gardent eux-mêmes ; instructions péciales pour les rapports.

Mobiles, dits à la Bugeaud. — (Voir ci-dessus, *la nuit.*)

Avant-postes irréguliers.

1° Quand on arrive trop tard pour pouvoir les disposer régulièrement; 2° Garder front étendu avec effectif restreint; 3° Tromper ennemi sur la force des troupes.

1er cas. Avant-garde forme réserve, envoie sur routes des postes (en flèche), qui se gardent eux-mêmes, sans se relier. Le jour, postes communiquent par patrouilles fréquentes; la nuit, pas de patrouilles, postes détachés mobiles.

3e cas. On supprime ou diminue réserve. Les premiers échelons vers l'ennemi apparence régulière (en espalier).

2e cas. On emploie les deux modes.

Artillerie aux avant-postes.

Place. — A la réserve. Quelquefois une section alors en batterie, pour défendre point important; la faire soutenir par grand'garde plus voisine ou par poste particulier.

Attitude. — Pièces avec avant-train seulement; chevaux toujours sellés et garnis; les faire boire et manger par fractions.

Reconnaissance. — Par commandant des avant-postes, accompagné de l'officier commandant l'artillerie; choix des positions de combat, débouchés vers l'ennemi, route de retraite.

Construire épaulements. Pas agir sans motifs sérieux.

Cavalerie aux avant-postes.

Effectif suffisant. — Le jour, établit ses avant-postes comme si elle était isolee. Infanterie, à 600 ou 800 mètres de réserve, des postes aux points dominants ou importants, ne se relient pas entre eux. La nuit, cavalerie se retire après qu'infanterie a formé ses 3 ou 4 échelons. Après combat, veille d'engagement et terrain impraticable à cavalerie, infanterie fournit presque exclusivement le sereice; se retranche. Cavalerie fait patrouilles.

Effectif insuffisant. — Quelques cavaliers aux postes principaux font patrouilles.

Correspondance. — Cavalerie toujours chargée maintenir communication constante entre éléments des avant-postes et corps principal.

SERVICE DE MARCHE.

Commandant de la colonne — Doit connaître : But de la marche, renseignements sur l'ennemi, conduite à tenir en cas de rencontre ; composition, force et direction des autres colonnes. Avant le départ, savoir ses ressources en vivres et en munitions. Confier à l'officier qui doit commander après lui l'objet de sa mission ; si la mission doit être secrète, lui remettre, sous pli cacheté, les instructions à suivre.

Rassemblement. — Ne précède jamais la mise en route des colonnes nombreuses. Point initial d'entrée dans la colonne fixé de manière qu'il n'y ait pas de détour à faire et que la circulation ne soit pas gênée. Heure où les différentes troupes doivent quitter le point initial fixée par l'officier le plus élevé en grade. Chaque chef de détachement fixe l'heure du départ de sa troupe, de manière à n'arriver ni trop tôt ni trop tard. Prendre chaque jour au moment du passage au point initial (de la division ou du corps d'armée) l'heure du quartier général auprès de l'officier d'état-major. Faire reconnaître au préalable la route à suivre pour atteindre le point initial en tenant compte du temps nécessaire pour la parcourir. On doit toujours être prêt à partir : armes, effets, équipement toujours disposés pour permettre un départ imprévu.

Dans le tableau ci-contre, zéro représente sur l'échelle des distances le point initial fixé par l'autorité supérieure, et sur l'échelle des heures, l'heure fixée pour le passage au point initial. Les heures précédées du signe — sont à retrancher de l'heure du passage au point initial.

Fig. 1, marche d'un régiment à 3 bataillons.

Fig. 2, marche d'un régiment à 3 bataillons, un groupe de 3 batteries marchant entre le 1er et le 2e bataillon.

1er *Exemple. Les 3 bataillons d'un régiment sont cantonnés, le 1er à 2 kilomètres en arrière du point initial, le 2e à 3 kilomètres* 500, *et le 3e à 5 kilomètres ; le 1er bataillon doit passer au point initial à 6 heures 30 minutes et être suivi immédiatement par les deux autres.*

(Fig. 1). 1er *bataillon.* Sur l'échelle des distances on voit que la ligne du quadrillage qui passe au 2e kilomètre, coupe ligne du bataillon de tête au point A. Ce point correspond sur l'échelle des heures à — 34 minutes. Donc le bataillon devra partir à 6 heures 30 minutes — 34 minutes, soit 5 heures 56 minutes.

2e *bataillon;* la ligne 3 kimomètres 500 coupe la ligne de ce bataillon au point B qui correspond à — 46. Donc le 2e bataillon partira à 6 heures 30 — 46, soit 5 heures 44.

3e *bataillon ;* point C correspond à — 56. Donc, départ du 3e ba-

Graphique servant à déterminer sans calcul et instantanément l'heure de départ d'une troupe d'infanterie quand on connait l'heure à laquelle la tête du groupe auquel elle appartient doit passer au point initial et la distance qui la sépare de ce point.

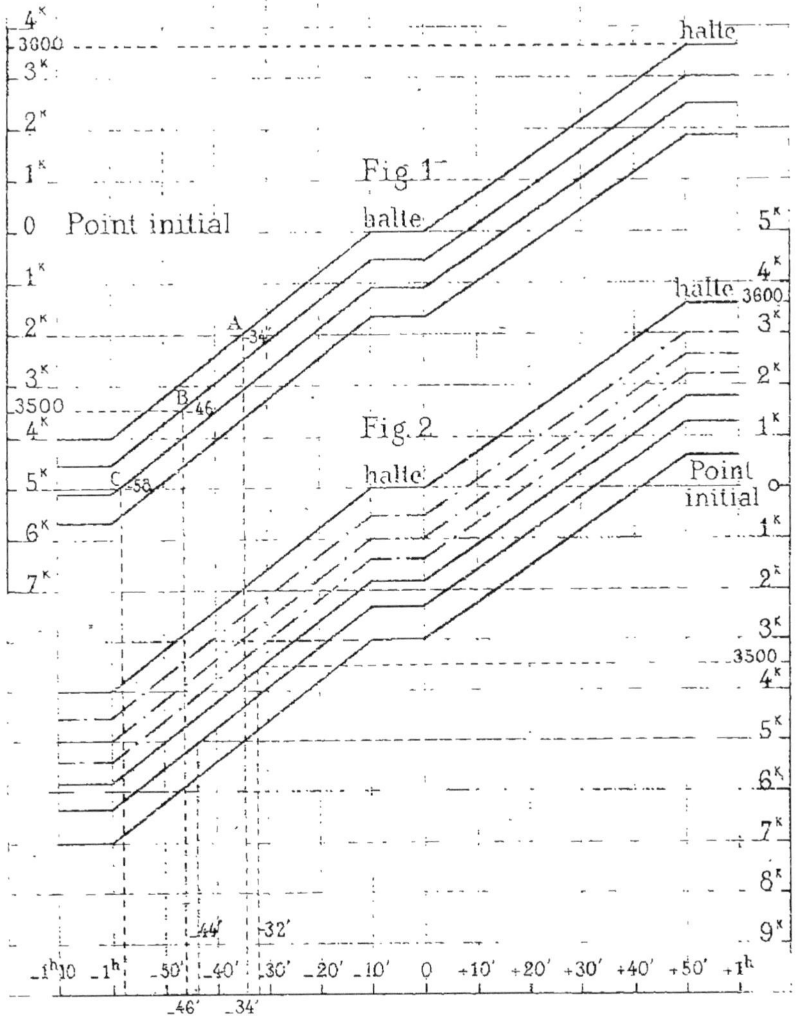

Echelle des heures.

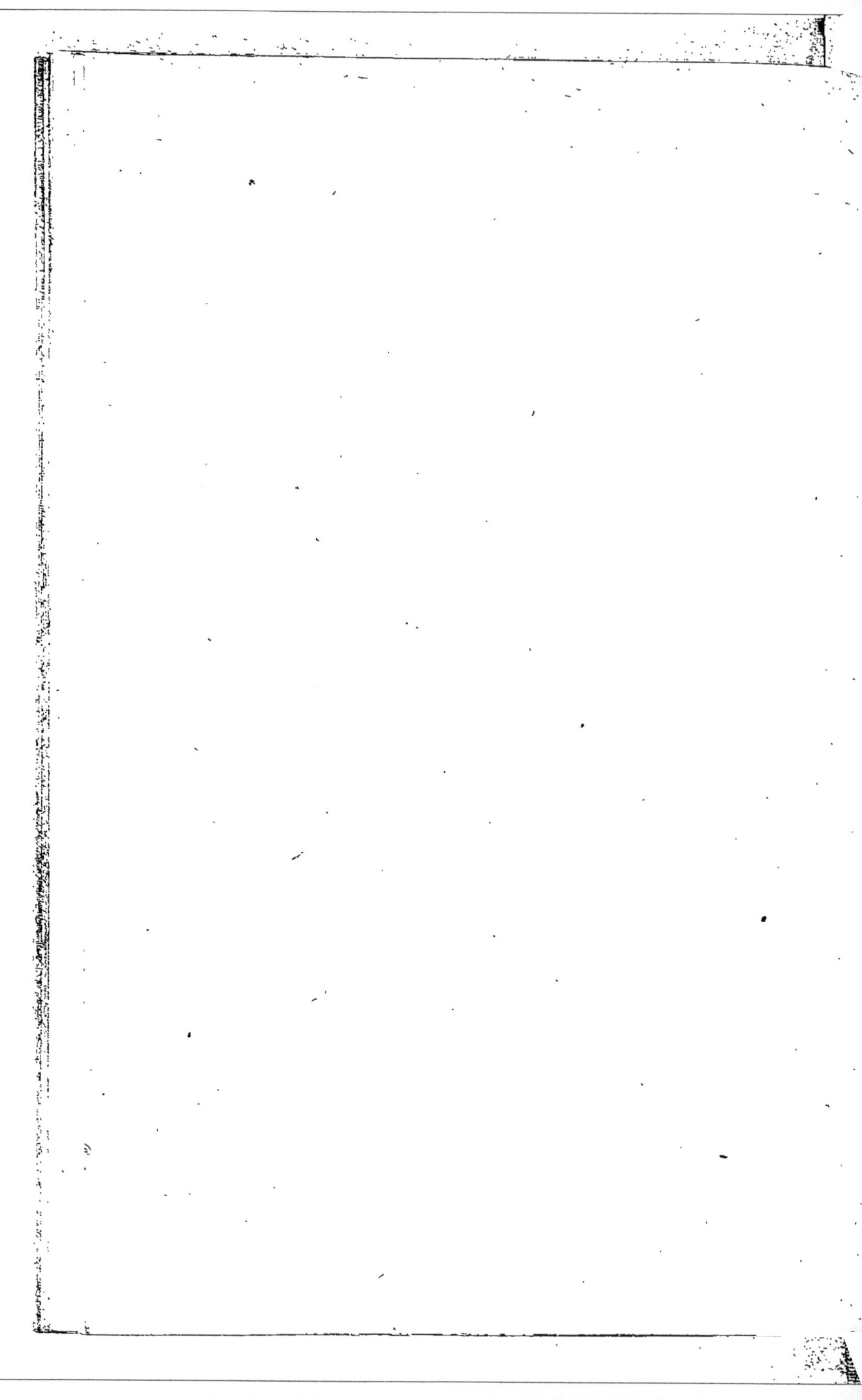

taillon à 6 heures 30 minutes — 56 minutes, soit 5 heures 34 minutes.

2e *Exemple. Les bataillons sont cantonnés aux mêmes distances. Le 1er bataillon doit passer au point initial à 6 heures 30 et être suivi immédiatement par 3 batteries d'artillerie montée derrière lesquelles marcheront les deux autres bataillons.* (Fig. 2).

Départ du 1er bat. à 5 heures 56 minutes. — (Voir ci-dessus).
— du 2e bat. à 6 heures 30 — 32 = 5 heures 58.
— du 3e bat. à 6 heures 30 — 44 = 5 heures 46.

Départ. — Autant que possible, pas avant 4 heures du matin ; la plus grande partie de la marche doit être parcourue avant la grande chaleur. Une heure avant le départ, batterie : *Aux champs!* (Voir prise d'armes des compagnies, page 82). A l'heure prescrite, on se met en marche sans attendre personne. Quelques reprises de la marche du régiment. Situations sommaires remises en double au général de brigade. Noms des manquants à la gendarmerie, Les voitures qui ne marchent pas avec le corps restent sous les ordres du vaguemestre, ne sont attelées qu'au moment de partir, réunies alors dans l'ordre suivant : 1° voitures de vivres ; 2° des cantinières ; 3° des bagages ; 4° de l'habillement et équipement.

Longueur des colonnes.

	FRACTIONS DE TROUPE.	Longueur.	ALLONGEMENT du 1/4.	ALLONGEMENT du 1/3.	DURÉE du DÉFILÉ.	FORMULES.
		mèt.	mèt.	mèt.		
Infanterie.	Compagnie	85	21	28	1′ 30″	
	Bataillon	376	94	125	6 à 7′	$L = 0{,}35 \times E$
	Régiment	1265	306	407	22 à 23′	$L = \frac{1000}{60} T.$
	Bataillon de chasseurs	396	99	132	7 à 8′	
Cavalerie.	Escadron par quatre	130	32	43	1 à 2′	
	Régiment	650	162	217	8′	$L = {,}08 \times E$
	Brigade	1344	336	446	17 à 18′	$L = \frac{6000}{60} T$
	Escadron par deux	260	65	86	3 à 4′	$L = 1.6 \times E$ par 1.
	Régiment	1180	295	396	15 à 16′	
	Brigade	2404	600	800	30 à 32′	$L = 3.2 \times E$
Artillerie.	Batterie montée	243	60	»	5′	$L = 16\ V$
	Batterie à cheval	284	71	»	3′	$L = 19\ V$
	Sections de munitions d'artillerie	478	120	»	9′	$L = 16\ V$
	Sections de munitions d'infanterie	455	116	»	8′	$L = 13\ V$
	Artillerie de corps	2941	550	»	49′	»
	Groupe de 4 batteries montées	1010	240	»	20′	»
	Génie (section divisionnaire)	54	18	»	1′	»
	Ambulance divisionnaire	490	122	»	9′	»

CONVOIS.

			All. 1/2.			
Train régimentre.	Quartier général	166	82	»	»	
	Régiment avec état-major de brigade	208	104	»	»	$L = 8\ V + 9\ V^2 + 12\ V^4.$
	Régiment	200	100	»	»	Mulets
	Artillerie divisionnaire	196	98	»	»	$L = 2\ M.$
	Tout le train régim. de la divis.	1358	588	»	32′	
	Convoi administratif	1472	664	»	36′	

Dans toutes ces formules, L représente la longueur de la colonne ; E l'effectif ; V le nombre de voitures. Pour les convois, V représente le nombre de voitures à un cheval, V^2 le nombre de voitures à deux chevaux, V^4 le nombre de voitures à quatre chevaux ; M le nombre de mulets ; T la durée du défilé.

Distances réglementaires entre les éléments d'une colonne.

20 mètres entre les bataillons d'un même régiment.
30 — entre les régiments d'une même brigade.
60 — entre deux brigades.
12 — entre les escadrons d'un même régiment.
12 — entre les batteries.
30 — entre une troupe d'infanterie et des batteries.
20 — entre les sections de munitions et celles d'ambulance.
30 — entre des batteries et des sections de munitions.

Ces distances sont toujours augmentées de l'allongement du groupe qui précède.

Soins à prendre et ordre à observer pendant la marche. — On marche rarement en colonne par escouade, ordinairement, par le flanc par 4 ou par 2 sur les deux côtés de la route. La moitié de la chaussée ou le milieu de celle-ci doit rester absolument libre. Laisser entre les compagnies une dizaine de pas. Le chef d'un élément ne doit pas se préoccuper de voir diminuer la distance qui le sépare de l'élément précédent, et surtout il ne doit pas chercher à la maintenir. Ces distances sont reprises après chaque halte. Règler parfaitement l'allure de la tête de chaque élément (bataillon ou compagnie). Dans les montées, ne reprendre l'allure ordinaire que lorsque la queue du bataillon est arrivée au sommet. Le kilomètre en 11 minutes si possible, pratiquement 12 minutes et demie à 14 minutes. Le moins possible de sonneries, sifflet. Un clairon laissé sous les ordres du chef de la dernière subdivision rappelle si la gauche ne peut pas suivre. *Tout le monde à sa place et rigoureusement.* Dans la marche des deux côtés de la route, le capitaine seul au milieu, à hauteur de la queue de sa compagnie. Tenue régulière. Le commandant de la colonne peut seul accorder des tolérances. Pas de cris de : *Halte!* ou de : *Marche!* Pas s'arrêter individuellement ou quitter les rangs sans permission, surtout aux puits ou fontaines. Besoin de s'arrêter, soldat demande permission à un officier ou sous-officier, laisse son fusil à un de ses camarades, doit rejoindre promptement. Veiller à ce que les bidons contiennent une boisson hygiénique. Outre l'arrière-garde, quelquefois un détachement commandé par un officier, et dont les éléments sont pris dans le dernier régiment, faire rejoindre et ramasser les traînards, visiter chemins creux, fermes, villages. Ceux qui refusent de marcher et les maraudeurs sont remis à la gendarmerie, les autres, à la police de leur corps. Un médecin, des sous-officiers de chaque régiment, quelques gendarmes à cheval, une voiture-omnibus d'ambulance marchent avec ce détachement. — Rendre les honneurs au commandant en chef de l'armée seul. Pas de sonneries.

Haltes. — Elles ont lieu de 50 en 50 minutes et durent 10 minutes, sont faites en dehors des villages autant que possible. A la première, inspection paquetage; rectifier défectuosités, jeter effets non réglementaires. Commandant de la colonne se borne à indiquer l'heure de la première halte. Faibles colonnes, les 4 hommes les plus rapprochés forment un faisceau et rompent. Fortes colonnes, moment fixé arrivé, chaque commandant de bataillon en arrête la tête sur laquelle on serre, former les faisceaux côté droit de la route. Signaux pour former et rompre les faisceaux au moyen du sifflet. (Clairon placé à la queue répète : *Halte*, quand la dernière subdivision a serré?) — Grand'halte, une heure environ, repas, peut avoir lieu dans un village, eau, bois; près de l'ennemi on prend la formation de rassemblement, loin de lui, former les faisceaux sur un des côtés de la route dans l'ordre où l'on se trouve. Toujours prendre des dispositions de sûreté pour éviter les surprises. Dans les longues étapes, aux 2/3, une grande halte de 1 à 3 heures, ensuite une heure de repos outre les haltes horaires après chaque fraction de 3 heures de marche (café). Eviter de faire halte dans un défilé.

Etendue de terrain nécessaire pour une grand'halte.

Un régiment. Bataillons en ligne de colonnes de compagnie à intervalles de 6 pas, sont à 30 pas les uns derrière les autres; les voitures sur l'un des flancs. { Front 110 mètres. 146 pas. Profondeur 115 m. 153 pas.

Distance entre deux régiments d'infanterie. 50 mètres environ, 66 pas.

Un régiment de cavalerie : Carré de 90 mètres de côté, 120 pas.

Une batterie d'artillerie (sur 2 lignes) : Front. 22 mètres, 29 pas, profondeur, 38 mètres, 51 pas.

Section de munitions (sur 2 lignes) : Front, 60 mètres, 80 pas, profondeur, 38 mètres, 51 pas.

Ambulance (sur 4 lignes) : Front, 60 mètres, 80 pas, profondeur, 50 mètres, 66 pas.

Division d'infanterie : Front, 400 mètres, 534 pas, profondeur, 300 mètres, 400 pas.

Guides. — Hommes intelligents, facteurs, cantonniers, braconniers, douaniers, contrebandiers, gardes-champêtres ou forestiers. Suspect, faire marcher entre deux hommes, empêcher de communiquer avec personne, au besoin, attacher ; s'il sert bien, récompense. En prendre plusieurs, interroger séparément. Que, d'après questions posées, ils ne puissent savoir ce qu'on veut faire. Les confronter, si renseignements diffèrent.

Défilés. — Se masser à l'entrée, traverser rapidement serrant le plus possible ; s'arrêter à la sortie à distance nécessaire pour contenir colonne ; ennemi éloigné, former faisceaux ; reprendre marche pour que dernières subdivisions pas obligées s'arrêter. Terrains mous, s'assurer que passage est et restera praticable. Gués, fixer point sur rive opposée, corde tendue, cavaliers en aval et amont.

Rencontre de troupes. — Pas se laisser couper. Rencontrant troupe arrêtée, passer, si l'on a priorité dans ordre de marche, ou si cette troupe pas user instant même de son droit. Se croisant, appuyer réciproquement à droite. Chemin trop étroit, première continue, l'autre s'arrête, à moins d'ordres contraires écrits ou transmis verbalement par officier état-major général. Marchant dans même sens, plus avancée continue ; colonnes qui suspendent leur marche la reprennent avant équipages. Faire arrêter au besoin équipages qu'il faudrait croiser ; seule exception pour colonne de munitions dont passage serait urgent. Chefs qui ont à suspendre marche d'une troupe se concertent, se communiquent ordres respectifs, décident dans intérêt de l'armée. Si désaccord, plus ancien décide sous sa responsabilité.

Marches de nuit. — Silence, distances diminuées, haltes plus fréquentes; vitesse ralentie, quelquefois pas fumer. Embranchements, sous-officiers ou caporaux jalonneurs relevés de bataillon en bataillon. Clairon queue de chaque bataillon. Sifflet. Eviter ces marches.

Dispositions à prendre à l'arrivée. Avant-garde fournit avant-postes. — Aussitôt les troupes installées, distribution de viande, faire la soupe. Chaque chef de troupe fait reconnaître chemin à suivre pour se rendre sur la position de combat désignée par le commandant de la colonne. Reconnaître débouchés et communications entre les cantonnements. Visite de santé. Compléter munitions, nettoyer armes, effets, petites réparations, graisser la chaussure. Tout prêt pour départ inopiné, alors repos, sommeil.

Dispositions en cas d'alerte. Signal : *La Générale!* donné par la division, répété par tous les corps. — Le jour, chacun à l'emplacement désigné à l'avance. La nuit, rassemblement rapide sur les fronts de bandière (troupes bivouaquées) ou places d'alarme (troupes cantonnées). Faisceaux formés, sac à terre et attendre des ordres. Les voitures sont attelées.

Alimentation pendant la marche. Soupe une fois par jour. *Matin,* si départ a lieu vers 9 heures ; alors, partie de la viande cuite est gardée pour être consommée en route ou à l'arrivée ; le soir, on fait le café ou un repas de conserve. — *Soir,* quand départ a lieu avant 9 heures ; alors, avant le départ, café ou repas de conserve ; à la grand'-halte ou à l'arrivée, déjeuner avec une partie de la viande cuite la veille et réservée à cet usage (on fait aussi un deuxième café à ce moment).

Répartition du temps dans une marche forcée de 24 heures.

4 1/2 café.
Départ à 5 heures du matin.

Marche de 5 à 10 heures.	5 heures	20 kilomètres.
Repos de 10 à 2 heures (soupe). , ...	4 —	
Marche de 2 à 6 heures.	4 —	15 —
Repos de 6 h. à minuit (viande conserv.)	6 —	
11 heures 1/2 café		
Marche de minuit à 5 heures.	5 —	15 —
		50 kilomètres.

Avant-garde.

Sûreté sur front et flancs de colonne pas trop profonde. Eclaire, renseigne, écarte obstacles. Attaque et repousse ennemi ou oppose résistance jusqu'à ce que colonne pris dispositions de combat. Force : 1/4 ou 1/6e d'effectif. Si cavalerie, elle fournit tête et pointe ; pointe alors à 2,500 mètres au moins du corps principal. Fractions constituées, jamais bagages. Commandant d'avant-garde centralise renseignements, les transmettre commandant de colonne par hommes ou postes de communication. Dans fractions chargées du service de sûreté, partie suffisante marcher par *patrouilles constituées* : 1 chef de patrouille et 2 hommes sous ses ordres. Un signe suffit pour envoyer ces patrouilles.

Pointe d'avant-garde.

Mission. — Assurer marche suivant route indiquée et ordres donnés. Examiner terrain en avant et sur flancs, rendre compte de tout.

Disposition. — (Voir figures.) En avant de préférence, hommes éprouvés, parlant langue du pays. Chef connaître exactement itinéraire; par écrit, noms des localités à traverser ; cas de doute, s'adresser au commandant de tête.

Obstacles. — Les tourner ou rétablir passage. Cas d'impossibilité, prévenir commandant de tête.

Hauteurs. — Un homme gravit seul la pente, s'arrête avant la crête, voir sans être vu. Le reste suit, prêt à porter secours, un en arrière, prêt à aller rendre compte.

Défilés. Ponts. — Eclaireurs s'engagent résolûment. Chef de pointe fait reconnaître alentours rapidement. Ennemi pas signalé, sous-officier avec éclaireurs s'établit au delà du défilé, jusqu'à ce que pointe ait franchi, alors il continue sa marche. Défilé encaissé, quelques hommes au sommet du talus, reconnaître terrain. Aux ponts, voir si préparatifs de destruction.

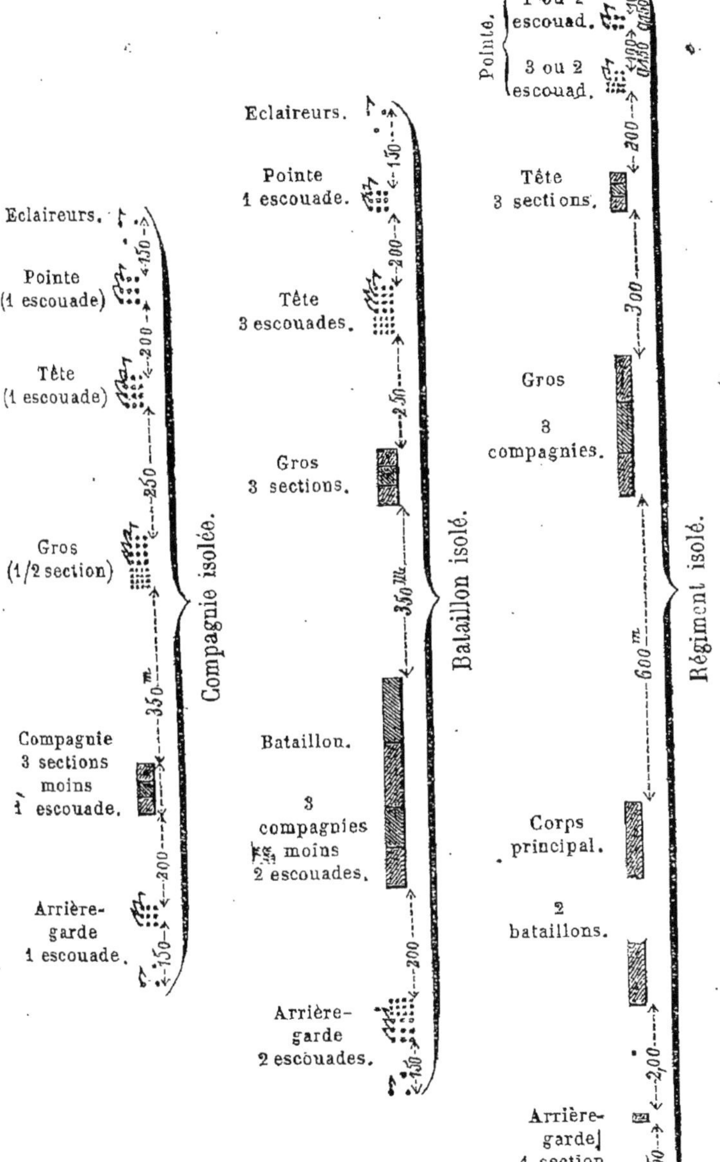
Eclaireurs.
Pointe
(1 escouade)
Tête
(1 escouade)
Gros
(1/2 section)
Compagnie
3 sections
moins
1 escouade.
Arrière-
garde
1 escouade.
150
200
250
350 m
200
150
Compagnie isolée.
Eclaireurs.
Pointe
1 escouade.
Tête
3 escouades.
Gros
3 sections.
Bataillon.
3
compagnies
moins
2 escouades.
Arrière-
garde
2 escouades.
150
200
250
350 m
200
150
Bataillon isolé.
Pointe.
1 ou 2
escouad.
3 ou 2
escouad.
Tête
3 sections.
Gros
3
compagnies.
Corps
principal.
2
bataillons.
Arrière-
garde
1 section.
100
150
200
300
600 m
200
150
Régiment isolé.

Bois. — De peu d'étendue, 2 premiers hommes le traversent. Chef des deux au débouché observe, tandis que l'autre prévient homme de communication, qui rend compte au sous-officier arrêté à l'entrée. Eclaireurs latéraux s'engagent à droite et à gauche de route ou rejoignent soutien. Si indices annonçant ennemi font craindre au sous-officier de s'avancer, il s'arrête, informe chef de pointe, qui transmet renseignements et pousse dans bois éclaireurs, qu'il renforce et soutient.

Lieux habités. — S'emparer d'habitants, les questionner. Si pas d'habitants, éclaireurs s'avancent avec précaution et transmettent observations à homme de communication. Si présence d'ennemi certaine, prendre poste d'observation et faire conduire habitants arrêtés au chef de tête. Eclaireurs arrivant la nuit près de village se glissent silence jusqu'aux premières maisons, s'arrêtent, écoutent. Chercher à interroger ou à emmener habitant.

Isolés. — Pas se laisser dépasser. Envoyer tout étranger au chef de pointe, qui interroge sur ennemi, routes, localités, accidents de terrain. Si indications importantes faire conduire au commandant de tête. Arrêter tout suspect.

Rencontre de troupe amie. — Chef de pointe informe commandant de tête et va à hauteur des premiers hommes pour reconnaître. Identité constatée, il continue sa marche.

Rencontre de l'ennemi. — Observer indices (Voir *Indices*, page 58). Eclaireurs remarquant indices positifs préviennent sous-officier par signal convenu, s'arrêtent, se dissimulent. Sous-officier vient voir et rend compte au chef de pointe. Feu seulement si l'on ne peut prévenir à temps troupe en arrière. Ennemi se retirant, continuer à marcher sans poursuivre. Ennemi offensive, résister ou se replier en combattant, et démasquer tête, qui se porte en avant.

Tête d'avant-garde.

Mission. — Appuyer, renforcer et soutenir la pointe. Chef, par écrit, itinéraire. Si pas de carte, consulter celle du commandant d'avant-garde ; demander tous éclaircissements nécessaires. Un guide avec tête.

Pays accidentés. — Suivre chemins latéraux ou explorer embranchements (Voir *Détachements de flanqueurs*, page 74). Envoi immédiat de renseignement important au chef d'avant-garde par intermédiaire du chef le plus voisin.

Obstacles. — Assurer passage avec outils à sa disposition, ou en requérant ouvriers et matériaux. Prévenir du retard commandant d'avant-garde.

Hauteurs. Défilés. Ponts. — Envoyer petites patrouilles observer versant opposé et alentours.

Bois. — Si pointe insuffisante, envoyer patrouilles pour en faire le tour. Grands bois, renforcer pointe, fouiller voisinage de route (chemins, bas-fonds, clairières, etc.).

Lieux habités. — Si pointe trop faible, tête envoie patrouilles parcourir rapidement rues principales, occuper gare, poste, télégraphe, mairie, église, gendarmerie. Retenir et interroger habitants arrêtés par pointe. Faire chercher chef de municipalité. Laisser détachement pour garder points utiles à occuper et personnes à interroger par commandant d'avant-garde. Ennemi signalé dans voisinage, patrouilles, après leur visite, se réunissent à la sortie, d'où chef de pointe fait prévenir chef de tête resté en arrière. Ennemi supérieur, se retirer en combattant sur les premières maisons et s'y maintenir. Prevenir gros.

Isolés. — Selon importance des renseignements, les faire conduire au commandant d'avant-garde.

Rencontre de l'ennemi. — Reconnaître et prévenir commandant d'avant-garde. Si l'on est en force, engager résolûment l'action ; cas contraire, se replier, ou défensive jusqu'à l'arrivée du gros.

Gros de l'avant-garde.

Mission. — A moins d'ordres contraires, prend offensive, appuie ou recueille tête, soutient combat pendant que corps principal prend ses dispositions ; renforcer tête, patrouilles aux accidents de terrain éloignés, mais importants. Maintenir communications avec tête et corps principal.

Place et responsabilité du chef. — Avec le gros, habituellement. Responsable de direction, reçoit instructions du chef de colonne ; muni d'une carte ou croquis. Ennemi signalé, reconnaître par lui-même, prendre premières dispositions et avertir chef de colonne.

Obstacles. — Aider tête à déblayer ou réparer route, prévenir du retard commandant de colonne.

Pont rompu. — Prévenir commandant de colonne, réparer ou chercher passages voisins en observant rive opposée.

Lieux habités. — Questionner chef de municipalité. Ordres de réquisitions. Possession de gare, faire cesser tout train, occuper télégraphe, interdire usage des appareils, saisir dépêches, journaux, correspondances. Cela terminé, ordonner tête reprendre marche. Si l'ennemi occupe, menacer sa ligne de retraite, si on est en force, attaquer ; si attaque pas possible, défensive et informer chef de colonne.

Haltes gardées.

Echelons d'avant-garde s'établissent en avant-postes : gros en réservé, tête en grand'garde, pointe en petits postes, éclaireurs en sentinelles. Sur flancs et derrières, postes détachés et arrière-garde.

Corps principal.

Troupe nombreuse, fractionnée en plusieurs colonnes.

Voitures diverses. — Sections de munitions, queue de colonne. Caissons de munitions, avec chevaux de main, à la suite des régiments, surveillance d'un sous-officier ou caporal, précédés par voitures d'outils. Entre corps principal et arrière-garde : 1° malades et éclopés ; 2° ambulances ; 3° voitures de subsistances ; 4° bagages.

Détachements de flanqueurs. — Marchent à hauteur du corps principal qui les fournit, se tiennent en communication avec lui et avec patrouilles d'avant-garde ; leur attacher quelques cavaliers. Pas de chemins latéraux, ils prennent position sur points dominants, laissent filer colonne, rejoignent la queue, profitent d'une halte pour rejoindre leur place, si c'est possible (ne pas trop y compter). Haltes gardées, corps principal garde ses flancs.

Nombre de compagnies nécessaires pour garder un flanc d'une colonne en marche. — Chaque compagnie envoie 3 sections en petits postes, surveillant chacun 1,800 mètres (employer postes de 4 hommes), une section en réserve. Etape de 22 kil., 4 compagnies ; de 27 kil., 5 compagnies ; de 32 kil, 6 compagnies.

Arrière-garde.

Force. — 1 régiment, 1 section ; 1 bataillon, 2 escouades ; 1 compagnie, 1 escouade.

Mission. — Surveiller derrières de colonne, arrêter maraudeurs, forcer traînards continuer route. Veiller avec commandant du convoi voitures serrer à leur distance et ne s'arrêter que lorsque colonne fait halte.

Cas d'urgence. — Prévenir chef de colonne. *Ennemi signalé*, soldat envoyé avertira en passant chef de dernière compagnie du corps principal.

Haltes gardées. — Faire demi-tour.

Marches en retraite. — Résister, donner corps principal temps de se retirer. Ralentir poursuite sans se laisser couper. Tendre embuscades. Mettre hors de service matériel de guerre qu'on abandonne.

SERVICE DE RECONNAISSANCE.

Officier commandant. — Reçoit instructions précises, s'assure avant départ qu'il a bien compris objet de la mission (l'écrire, et le lire à celui qui a donné l'ordre). Guide connaissant bien tout le pays. Examiner, pendant la marche, ensemble et détails du terrain, reconnaître points importants, surtout en vue de retraite. Revenir en changeant de chemin, si possible. Communiquer but de mission à celui appelé à commander après lui, à moins que mission secrète, alors pli cacheté. Questionner tous gens qu'on rencontre ; dans villages, chef de municipalité, notables, jeunes gens, enfants. Habitants mal disposés, menacer de frapper amendes, d'emmener otages. S'emparer des journaux, dépêches, lettres à la poste ou chez habitants, faire traduire et analyser passages importants, s'en faire rendre compte.

Routes et chemins. — Etat de viabilité, pentes, largeur du front sur lequel on peut passer ; bordés de haies ou fossés, s'ils vont droit ou serpentant, en terrain naturel, chaussée, tranchée ; ponts, viaducs. Pays, rivières, villes ou villages qu'elles traversent ; croix, calvaires, plaques ou poteaux indicateurs. Routes, chemins ou sentiers coupants ou voisins. Moyens d'amélioration, meilleures positions militaires. Croquis.

Chemin de fer. — Tunnels, déblais, remblais, passages, nombre de voies, leur état, vérifier leur écartement en dedans ; stations, quai d'embarquement, aiguillage, réservoirs, télégraphe ; approvisionnement de charbon, nombre de voitures et locomotives, classement du matériel roulant. Halles, magasins de la gare ou à proximité, pouvant être utilisés pour consommer repas (Voir page 98, et aussi *Rapport statistique*.

Cours d'eau. — Passages. Largeur, profondeur, nature des bords, leur élévation relative ; position des ponts, bacs ou gués (profondeur pour : l'artillerie, 0m,65 ; l'infanterie, 0m,80 à 1m,00 ; cavalerie, 1m,20), direction, nature du fond et largeur des gués ; maisons ou villages situés sur les bords ; ressources en bateaux, bacs, matériaux ; îles ; crues.

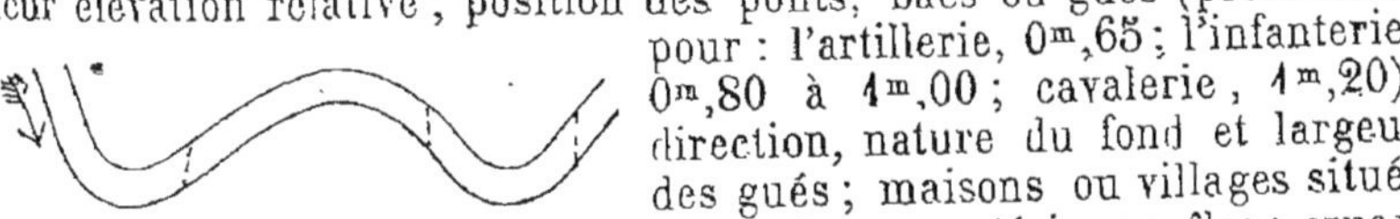

Recherche d'un gué. Dans une rivière sinueuse, les gués se trouvent généralement près des coudes, en aval par rapport au coude considéré, un certain plissement de l'eau est un signe qui révèle souvent l'existence d'un gué.

Canaux. — Largeur, passages, écluses, déversoirs, état et largeur des chemins de halage.

Digues. — Nature, hauteur, épaisseur, parti à en tirer.

Défilés. — Longueur, largeur, viabilité, nature des hauteurs dominantes et des débouchés ; moyens d'établir ou d'intercepter le passage. Peut-on les tourner, et par où ? Défense en avant, dans l'intérieur, en arrière (Voir pages 100 et 101).

Bois. — Situation par rapport à la route suivie ; voies de communication. Possibilité de se retrancher. Parti à tirer des fourrés et clairières. Fermes, villages ou positions militaires aux alentours(v.p.101).

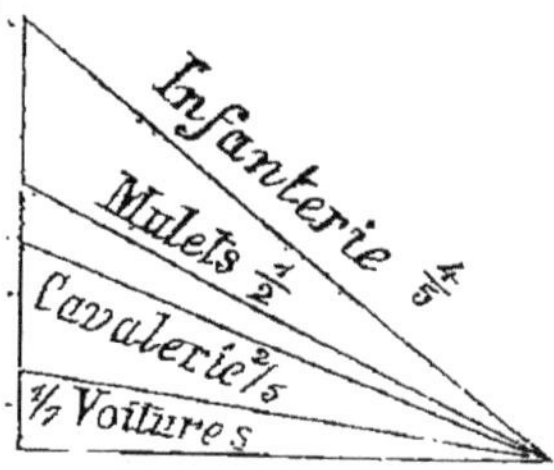

Hauteurs. — Situation, élévation, nature; pentes (la figure ci-contre indique les pentes accessibles aux différentes armes). Moyens d'atteindre leur sommet ou de les franchir ; emplacement de défense ou de campement qu'elles présentent.

Plaines. — Étendue, noms et nombre des villages qu'on aperçoit, nature du terrain et des cultures, bouquets de bois, clôtures, cours d'eau ou marais ; fossés larges et profonds, chemins creux, obstacles pouvant gêner mouvements des troupes.

Lieux habités. — Situation et importance, ressources pour la nourriture, entretien et cantonnement des troupes (Voir *Rapport statistique*), moyens de transport, etc. Disposition des principales maisons église, cimetière, moyens de les mettre en état de défense (voir pages 49, 50).

Ennemi. — Ne pas chercher occasions de combattre, mais recueillir et rapporter renseignements et observer. Si petits détachements, chercher à faire des prisonniers. Ennemi arrêté, chercher à voir sans être aperçu. Composition de ses troupes, effectif (voir page 85 et *Longueur des colonnes*, page 66), sa manière de se garder, emplacements de ses postes de sûreté, chemins qui y conduisent. Ennemi se retirant, le suivre en se dissimulant. S'avançant rapidement, engager le combat si c'est utile.

Rapports écrits. — (Voir les modèles.) Distinguer expressément ce qu'on a vu par soi-même des récits dont on n'a pas pu vérifier personnellement l'exactitude. Envoi quelquefois de plusieurs expéditions du même rapport, communiquer quelquefois le contenu au porteur, le charger de prévenir du nombre d'estafettes envoyées dans le même but, ne jamais le mentionner dans le rapport. Envoyer sans délai les avis importants (modèle *Avis urgent*).

Rapports verbaux. — Faire répéter par l'envoyé, s'assurer qu'il peut au besoin fournir explications complémentaires.

Observation. — Le porteur d'une dépêche doit toujours la détruire plutôt que de la laisser prendre par l'ennemi.

Postes de correspondance. — Par cavalerie, à 4 ou 5 kilomètres les uns des autres.

Armes combinées. — Cavalerie prend la tête ; l'infanterie quelquefois très en arrière, occupe successivement positions défensives favorables. La cacher aux vues de l'ennemi. Quelquefois infanterie sur voitures de réquisition de grandes dimensions. Veiller que soldat ne se sépare jamais de son fusil ni de son sac. L'artillerie peut suivre la cavalerie ou rester avec l'infanterie, commandant de reconnaissance décide.

CANTONNEMENTS.

Ils sont interdits à moins de deux journées de marche de l'ennemi. Si pas de réserve d'avant-postes, commander un piquet.

Campement. — Pour un régiment : 1 adjudant-major, 1 adjudant; et, par compagnie, 1 fourrier et 4 hommes. Dans une division, officier d'état-major commande campement de tous les régiments. En pays hostile, avant-garde protége campement.

Cantonnements ordinaires. — 2 à 6 hommes par feu ; *resserrés*, 1 pas de large sur 3 pas de long pour 1 homme, ou, d'après le général Lewal :

Calculs approximatifs pour cantonnements resserrés.

Villes. $\left\{ \begin{array}{l} \frac{Population}{3} = \text{Nombre de feux.} \\ \frac{Population}{4} = \text{Nombre de maisons.} \end{array} \right.$

Villages et bourgs. $\left\{ \frac{Population}{4} = \text{Nombre de feux ou de maisons.} \right.$

Capacité pour le cantonnement.

Nombre de maisons.	Villages.		Bourgs.		Villes.	
	Hommes	Chevaux.	Hommes.	Chevaux.	Hommes.	Chevaux.
10	192	15	240	20	306	12

Installation. — 1° *Répartition*. Chef du campement, après exploration sommaire, en rapport avec municipalité (Voir page 31), divise en lots distincts, les donne aux fourriers, qui partagent les maisons, indications à la craie sur portes et sur volets. Exemple :

76e régiment. 1er Bon. 3e Ce. 12e escouade.	76e régiment. 2e Bon. 4e Ce. 2e 1/2 section.	76e régiment. 2e Bon. 1re Ce. 3e esc. 6 hom.	76e régiment. 1er Bon. 4e Ce. M. X, capitaine.

Loger, autant que possible, par fraction constituée ; les chevaux du bataillon réunis dans une même écurie. Habitants qui ont recueilli blessés dispensés du logement militaire. Réserver un lieu de réunion pour les officiers.

2° *Indications aux carrefours.* — Logement des généraux, chefs de corps, commandant du cantonnement, poste de police. Fractions occupant la rue ou le quartier. Lieux de rassemblement, des distributions, places d'armes, ambulances (flèches indiquant la direction).

Entrée au cantonnement. — Personne pénétrer dans cantonnement avant fin des opérations du campement. Faire former faisceaux pendant que troupe attend en dehors. Campement ayant terminé vient au devant de la troupe, excepté les hommes de corvée Commandant donne signal de l'installation. Compagnies conduites par fourriers ; avant-garde ou avant-postes protégent.

Etats-majors. Ambulances. — Etats-majors au centre des cantonnements. Ambulances : hôpitaux, couvents, écoles. Généraux et ambulances, fanions de jour, lanternes la nuit.

Fanions et lanternes.

GÉNÉRAL COMMANDANT	FANIONS.	VERRE des LANTERNES.
en chef une armée.	Tricolore avec cravate tricolore au sommet de la hampe	Blanc.
un corps d'armée.	Tricolore, pas de cravate	Blanc.
1re div. d'infant.	Ecarlate avec une bande blanche au milieu	Rouge.
2e div. d'infant.	Ecarlate avec deux bandes blanches	Rouge.
Brigade d'artillerie.	Flamme, moitié inférieure bleue, moitié supérieure écarlate	Vert foncé.
Brigade de cavalerie.	Flamme, moitié inférieure blanche, moitié supérieure bleue	Vert foncé.
Artillerie ou génie d'une armée.	Divisé diagonalement de bas en haut, triangle inférieur bleu, triangle supérieur écarlate	Rouge.
Divis. de cavalerie indépendante.	Divisé diagonalement, triangle inférieur blanc, triangle supérieur bleu.	Rouge.
Ambulances.	Fond blanc, bordé écarlate avec croix écarlate sur son milieu	1 rouge et 1 blanc.
Arbitres.	Fond blanc, bordé écarlate.	

Ordre. — Donné dans chaque brigade par général aux colonels personnellement. Dans les régiments, par colonel aux officiers supérieurs, capitaines, adjudants-majors, adjudants (en cercle), sergents-majors derrière leurs capitaines. Service à fournir ; nature, heure, lieu des distributions ; corvées ; dispositions relatives au départ, bon ordre, service intérieur et extérieur. Place d'armes, en cas d'alarme ou de réunion générale. Point de rassemblement pour chaque compagnie. Adjudant-major et adjudant commandent le service, toujours par fractions constituées (Voir ci-dessous *Tours de service*). Chaque capitaine donne l'ordre à sa compagnie, avec explications nécessaires. (Rappeler souvent : la conduite à tenir envers les habitants, et l'étendue des droits du soldat ; la bonne harmonie avec les autres troupes ; les précautions en cas d'incendie ; nécessité pour l'homme d'avoir toujours sous la main, pendant la nuit, tous ses effets paquetés et réunis, et de pouvoir, même dans l'obscurité, trouver ses armes, sa giberne, son sac). Sergents-majors désignent fractions constituées et hommes de service. Officier supérieur de jour fait réunir les gardes, qui partent sans délai.

Tours de service. — Trois tours :

1er tour	1° Grand'gardes et autres postes extérieurs ; 2° Gardes d'honneur ; 3° Gardes intérieures (magasins, hôpitaux, etc.) ; 4° Service d'ordonnances ; 5° Garde de police.
2e tour	1° Travaux de guerre ; 2° Détachement pour protéger les travaux ; 3° Détachements pour protéger les corvées.
3e tour	1° Corvées non armées, au dedans et au dehors ; 2° Détachements qui assistent aux exécutions.

Dans le 2e tour, les premiers à marcher protégent les travaux, les travailleurs viennent ensuite.

Dans le 3e tour, les premiers à marcher font corvées hors du camp, les autres corvées dans le camp. Si plusieurs officiers commandés pour 3e tour, le plus ancien commande corvée la plus nombreuse.

Garde de police. — Pour 1 régiment : 1 section, 1 officier ; pour 1 bataillon : 1/2 section, 1 sous-officier. A la mairie ou au centre du cantonnement. Sentinelles : devant les armes, dans le clocher, chez le colonel. Si logement du colonel trop éloigné, la compagnie la plus rapprochée y détache une escouade qui fournit une sentinelle. Surveillance des bagages, qui y sont conduits à l'arrivée, parqués sans gêner circulation, en est responsable. Responsable des prisonniers enfermés dans local reconnu à proximité ; chargée de leur escorte, s'ils ne peuvent être livrés à la prévôté. Prisonniers, pendant la marche, attachés au besoin ; à l'arrivée, remis à nouvelle garde de police. Faire sonneries autorisées. Prend les armes au réveil, retraite, réunions générales, honneurs. Sonneries pour honneurs seulement, quand l'ordre particulier en a été donné. Commandant de cantonnement prescrit les rondes.

Service. — On fait le jour. Envoyer aussitôt après l'installation, au commandant du cantonnement, un officier ou sous-officier à sa disposition, et qui va toujours prendre ses ordres au signal d'alerte. Un homme (intelligent, sachant écrire) est envoyé (avec ses vivres), à l'état-major du bataillon aussitôt l'installation de sa compagnie, il sera chargé de porter, par écrit, à cette dernière, les ordres qui la concernent. Personne sortir du cantonnement sans autorisation écrite. Une demi-heure après la retraite, hommes rentrés. En pays hostile, habitants rentrés à partir de la retraite; défense de sonner cloches d'église. Ouvriers civils réquisitionnés pour réparations ou confections.

Service du commandant du cantonnement. — Communications faciles, passages, ponts rétablis; indications des quartiers généraux, ambulances, magasins; à la sortie des localités, direction des cantonnements voisins. Issues qui doivent être gardées, travaux à y faire. Avant-postes sur voies de communication et points dominants.

Service des officiers et sous-officiers. — Dans cantonnements resserrés à occuper pendant un certain temps, chef de bataillon fait établir une ambulance, des latrines, les désinfecter régulièrement; donne ordres spéciaux pour police, retraite, visite des postes et des malades, réveil, départ. Autres officiers et sous-officiers, surveillance constante, propreté des hommes, entretien des effets, chaussures, armement, *conservation des munitions et des vivres de réserve.* Officiers et sous-officiers de section visitent logements, veillent à ce que chaque soldat ait ce à quoi il a droit et soit toujours prêt pour départ imprévu.

Droits du soldat. — Coucher, place au fourneau, au feu, à la lumière. Si nourriture doit être fournie par habitants, commandant du cantonnement en fixe nature et quantité (voir page 32). Il en donne avis au chef de municipalité. Réprimer exigences illégales, mais veiller aux droits.

Distributions. — Capitaine, qualité des denrées, distributions faites exactement et aux heures prescrites, les surveille, assure bon ordre des corvées y conduites par officiers de jour. Rendre compte à l'officier supérieur de jour. Tenue des corvées prescrite par commandant du cantonnement. Transport des denrées par voitures régimentaires ou de réquisition. Détachements d'escorte nécessaires. Réquisitions au besoin (voir page 32).

Vivres. — Quand hommes nourris chez habitants ou par réquisition, on peut assurer les vivres d'une manière absolue, en faisant toujours emporter par la troupe une portion journalière d'avance (que cette portion ait été économisée ou achetée), on la fait distribuer à la troupe avant son entrée dans la localité où elle doit être logée avec nourriture (on peut même faire cuire cette ration par les soins des fourriers qui précèdent les compagnies). Dans ce cas, l'autorité locale doit rendre en nature, à la troupe, une portion, qu'elle délivré dans délai fixé (au plus tard 2 heures avant départ). Enjoindre alors aux hommes de ne faire aucune demande de vivres. Faire déposer une caution jusqu'à complète livraison de la portion demandée. Se défier des retards apportés par habitants, qui espèrent toujours ne pas tout livrer (voir page 90). Livraison faite, donner quittance nécessaire. Cas difficiles, promettre de payer comptant, à un prix convenable, et donner assurance de ne pas rechercher les endroits d'où les provisions seront retirées.

Prise d'armes des compagnies. — Aucun homme sortir avec son sac chargé (hors ceux commandés pour les bagages), avant sonnerie prescrite. Vingt minutes après, compagnies doivent quitter point de rassemblement particulier. Veiller à ce que gardes et sentinelles soient relevées à temps. Il est recommandé que les derniers numéros aient, au plus, une heure de faction.

Alertes. — Fractions réunies à leur lieu particulier de rassemblement. Habitants, sous peine d'exécution militaire, rester dans les maisons, fermer portes et fenêtres, volets ouverts, fenêtres éclairées pendant la nuit.

Bivouacs.

Terrain sec, permettant de planter les piquets, pas inondé si pluie subite, légère pente, abrité, à portée de l'eau, du bois, des vivres et fourrages. Accès difficile du côté de l'ennemi.

Commandant du campement. — Choisit emplacement, reconnaît abreuvoirs, fontaines, puits (jalons indicateurs), signaler endroits dangereux. Si quelques travaux sont nécessaires, les faire exécuter par hommes du campement ou habitants. Eau rare, factionnaires aux puits et fontaines. L'emplacement étant choisi, aller au devant de la troupe, ou bien envoyer un soldat avec note indiquant les mesures prises.

Maisons voisines. — Aucun officier ne doit s'établir dans les maisons à proximité du bivouac, à moins d'une autorisation expresse du général de brigade. Choisir, à portée du bivouac, une maison où l'armurier puisse travailler.

Différents bivouacs. — 1° En colonne ; 2° En ligne ; 3° En carré.

Bataillon en colonne.

Longueurs en mètres.

Longueurs en pas.

Garde de Police

Clairons Tambours sapeurs

faisceaux

Cuisines

3e Compagnie

des Compagnies

St Mor

Officiers de Compagnie

Cantine

Lignes des

4e Compagnie

Sous-officiers

Adjt

Chef de Musie

Etat Mor du Bataillon

Etat Mor du Régt

Mtn

Chf de Bon

Adt Mor

Col.

Lt Col.

Tambr Mor Musiciens et St Chef de Musie

Vaguemre

Chef ambulce

Offr payeur

Pe Drapeau

Voitures

Bataillon en ligne.

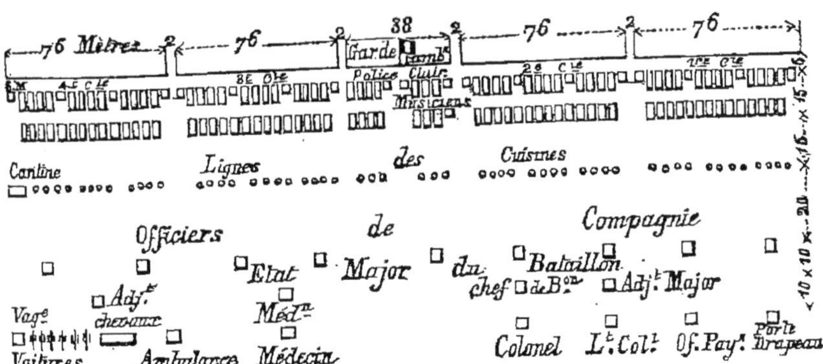

Bataillon en carré.

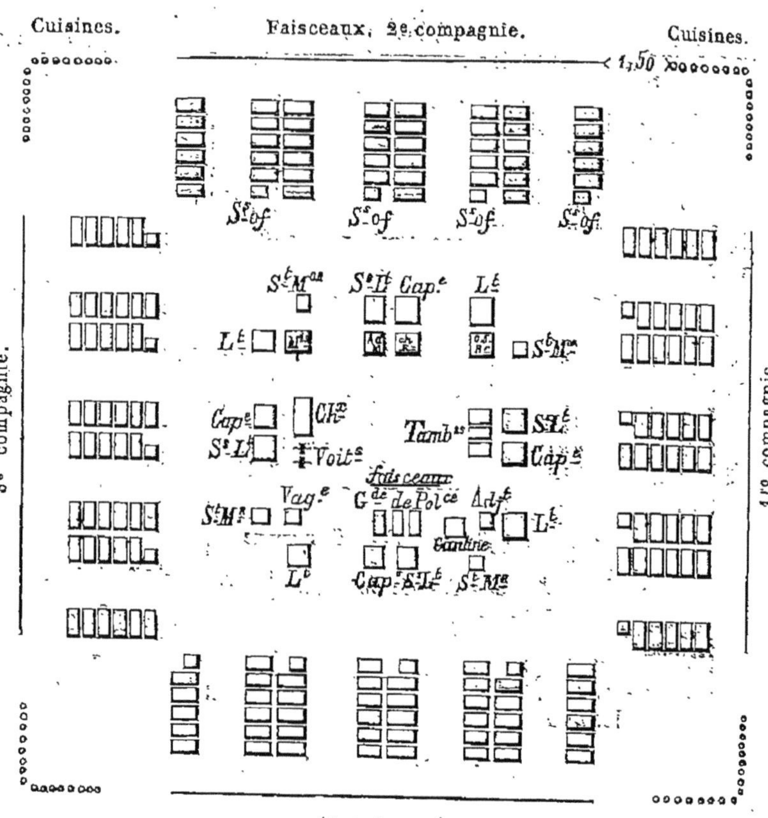

Étendue nécessaire pour les différents bivouacs.

	DÉSIGNATION DES FRACTIONS.	FRONT.		PROFONDEUR.		OBSERVATIONS.
		Mètres.	Pas.	Mètres.	Pas.	
En colonne	Bataillon seul........	140	186	113	151	Tous ces nombres ne sont qu'approximatifs ils dépendent essentiellement des effectifs.
	Bataillon av. état-maj.	140	186	123	164	
	3 bataillons accolés....	450	600	123	164	
	3 bataillons l'un derrière l'autre.........	140	186	389	519	
En ligne	Bataillon seul........	350	466	66	88	
	Bataillon av. état-maj.	350	466	76	101	
	Un régiment...........	1090	1453	76	101	
	Un bataillon en carré..	150	200	150	200	

Garde de police. — (Voir page 80).

BIVOUACS

- **En colonne.**
  - **Bataillon isolé.** — Quatre factionnaires : un devant les armes, un en arrière des bagages, un sur chaque flanc, un planton chez le chef de bataillon. Poste avancé (surveillance en avant du front, garde des prisonniers), 1 caporal et 6 hommes à 100 mètres en avant du front, fournit un factionnaire devant les armes, peut-être deux pendant la nuit.
  - **Rég. ses bataillons**
    - **Accolés.** — Neuf factionnaires, 3 devant le front dont un devant armes et drapeau, un sur chaque flanc ; 3 en arrière dont un aux bagages, un chez le colonel. Poste avancé, un sous-officier, une escouade.
    - **l'un derrière l'autre.** — Neuf factionnaires, un devant armes et drapeau, 3 sur chaque flanc, un derrière les bagages, un chez le colonel. Poste avancé.
- **En ligne.**
  - **Bataillon isolé.** — Quatre factionnaires : un devant armes, un en avant de chaque aile, chargé aussi des flancs, un aux bagages, un planton chez le commandant. Poste avancé.
  - **Régiment.** — Neuf factionnaires : un devant armes et drapeau, un en avant de chacun des bataillons de droite et de gauche, un sur chaque flanc ; trois en arrière dont un aux bagages, un chez le colonel. Poste avancé.

BIVOUACS { En carré. { Bataillon isolé. { Cinq factionnaires : un devant les armes, surveille en même temps les bagages; un sur chaque face du carré, un planton chez le commandant. La nuit les faisceaux sont resserrés et gardés par un factionnaire fourni par chaque compagnie.

Les hommes de garde peuvent dresser leurs tentes. Pour la nuit, le commandant peut ordonner d'entretenir un feu de bivouac (pas trop de flamme).

Passage de la ligne des sentinelles. — Interdit aux hommes, sauf pour le service ; étrangers sont envoyés au poste avancé ou à la garde de police; militaires d'autres corps, ordres spéciaux du commandant de la troupe.

Sonneries. — Toujours très-rares, aucunes si elles peuvent être entendues de l'ennemi.

Rondes. — Faites ou prescrites par commandant de la garde de police. Garde ou escorte des prisonniers, honneurs (voir page 80).

Levée du bivouac. — A l'assemblée, rallier les factionnaires, garde de police ne reprend sa place dans la colonne que lorsque la troupe se met en marche.

Service. — (Voir page 81.) Trois *appels* par jour :

1° 1/2 heure après le réveil ; } hommes sans armes.
3° 1/2 heure après la retraite ; } officier de jour.

2° A midi, hommes en armes, sac au dos ; on ne démonte pas les tentes. Tous les officiers.

Chef de bataillon de jour. — A la surveillance du service, s'assure de vigilance de garde de police, surtout pendant la nuit, prescrit rondes d'officiers, de sous-officiers, de caporaux. Quelquefois, sentinelles aux faisceaux de chaque compagnie, fournies par chacune d'elles.

Alerte. — Hommes s'équipent à la hâte et derrière les faisceaux, ne les rompre que sur l'ordre. Officiers maintiennent silence, ordre, confiance, sang-froid des troupes. Garde de police prend les armes et attend des ordres sans quitter sa place. Interdit de tirer coups de feu près du bivouac et tous cris autres que pour rondes ou patrouilles.

Levée du bivouac. — Heure fixée à l'avance ; troupes se réunissent où elles ont bivouaqué ; voitures attelées attendent l'ordre de partir.

(Voir page 64 et 65, *Rassemblement, Départ*).

Convois.

Escorte. — Force et composition calculées d'après nature du convoi, importance, dangers à courir, localités à traverser, longueur du trajet. Convois de poudre, escorte plus nombreuse. En principe, cavalerie pour éclairer.

Autorité et devoirs du commandant. — Pleine autorité sur toute personne du convoi. S'entend avec chefs de service pour fixer heure de départ, haltes, manière de parquer les voitures, nombre de factionnaires à placer. Près de l'ennemi, s'abstenir de demander avis à ses subordonnés, ne pas permettre de discuter devant lui la suite des opérations à exécuter. Savoir surtout se taire, ne faire connaître ses résolutions qu'au moment où elles doivent être exécutées. Reçoit instructions écrites très-détaillées.

Revue préalable. — La veille (ou mieux avant-veille) du jour fixé pour départ. Vérifier chargement et état des voitures, pièces de rechange nécessaires, attelages, harnais, traits solides, bricoles ne blessant pas les chevaux; faire marcher chevaux, ferrure. Fantassins, meilleurs marcheurs, cartouches, graisse pour chaussure, etc. Cavaliers, faire trotter et galoper les éclaireurs, pas de chevaux qui hennissent, maréchal ferrant. Retirer du paquetage tout ce qui n'est pas utile pour la durée du trajet. Faire parquer comme si l'on était en route.

Se faire délivrer ou réquisitionner outils. Assurer subsistance de tout le convoi; se renseigner sur terrain à parcourir, étudier carte, guides. Prescrire deuxième revue pour s'assurer qu'ordres exécutés; en profiter pour partir plus tôt qu'on ne l'avait dit. Tromper l'ennemi. Toujours supposer qu'un exprès part immédiatement pour l'informer des mouvements du convoi. Chaque jour, avant départ, revue minutieuse.

Ordre de marche. — Diviser le convoi en sections. Désigner quelques hommes pour aider et surveiller conducteurs. Numéroter voitures [Section A n. 4] [Section B n. 7]. Marcher sur deux rangs, si possible. 2 mètres de distance entre les voitures; elles marchent dans l'ordre suivant : munitions de guerre, ambulances, trésor, subsistances, effets militaires, voitures autorisées à suivre le convoi. Placer en tête et queue de chaque section 2 voitures (vivres ou effets) portant madriers pour ponts sur fossés de route. Avant-garde, arrière-garde, flanqueurs. Gros de l'escorte, sous les ordres du commandant, réuni ou divisé. Ne s'engager dans passage difficile que lorsque avant-garde s'est établie en avant du débouché, du côté de l'ennemi. Points dangereux sur les flancs occupés par détachements pendant le défilé du convoi. Fractions du corps principal remplace avant-garde. Passages difficiles, doubler attelages. Voitures brisées, en dehors de la colonne pour les réparer ou répartir chargement sur les autres ou sur voitures vides réquisitionnées (en avoir toujours quelques-unes avec chevaux haut le pied). Marches de nuit, pas de lumière, conducteurs mènent chevaux par la bride; outre fractionnement ordinaire, groupe de quelques hommes échelonnés de distance en distance. De même, quand le convoi marche sur une file.

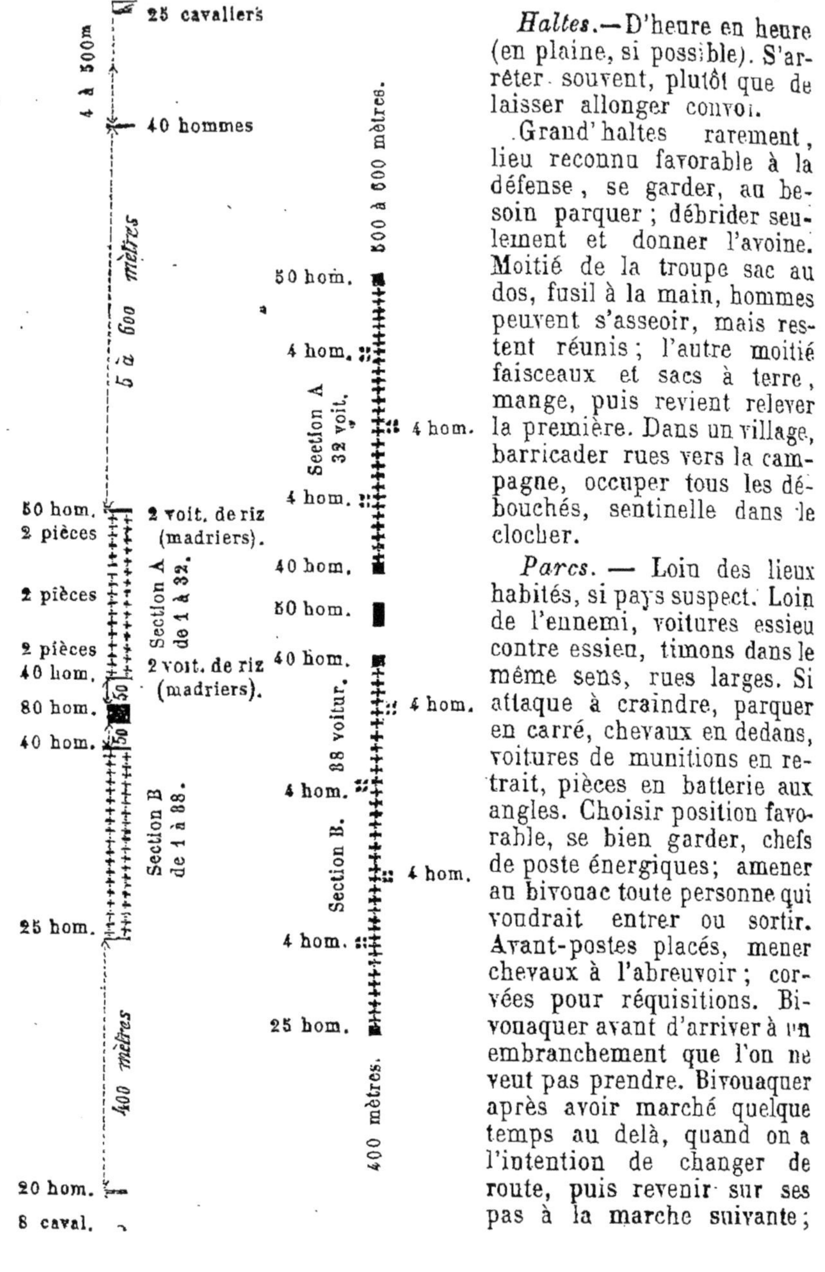

Haltes.— D'heure en heure (en plaine, si possible). S'arrêter souvent, plutôt que de laisser allonger convoi.

Grand' haltes rarement, lieu reconnu favorable à la défense, se garder, au besoin parquer ; débrider seulement et donner l'avoine. Moitié de la troupe sac au dos, fusil à la main, hommes peuvent s'asseoir, mais restent réunis ; l'autre moitié faisceaux et sacs à terre, mange, puis revient relever la première. Dans un village, barricader rues vers la campagne, occuper tous les débouchés, sentinelle dans le clocher.

Parcs. — Loin des lieux habités, si pays suspect. Loin de l'ennemi, voitures essieu contre essieu, timons dans le même sens, rues larges. Si attaque à craindre, parquer en carré, chevaux en dedans, voitures de munitions en retrait, pièces en batterie aux angles. Choisir position favorable, se bien garder, chefs de poste énergiques; amener au bivouac toute personne qui voudrait entrer ou sortir. Avant-postes placés, mener chevaux à l'abreuvoir ; corvées pour réquisitions. Bivouaquer avant d'arriver à un embranchement que l'on ne veut pas prendre. Bivouaquer après avoir marché quelque temps au delà, quand on a l'intention de changer de route, puis revenir sur ses pas à la marche suivante;

partir alors dans la nuit, quelques cavaliers pour entretenir les feux. Répandre de fausses nouvelles, commander réquisitions pour détachements fictifs ; être quelquefois parti avant le moment pour lequel on a prescrit la réquisition. Constituer, si possible, autour du parc, des défenses accessoires. Au départ, chaque section ne bride qu'au moment de se mettre en route.

Défense. — Éviter, autant que possible, le combat. Ennemi signalé, faire serrer les voitures le plus possible, continuer à marcher rapidement en ordre, ne parquer que si l'on ne peut autrement défendre le convoi.

Parc en cas d'alerte. — Voitures du côté de l'attaque, serrées l'une contre l'autre, en travers de la route, chevaux en dedans, voitures de l'autre rangée, mouvement tel que chevaux soient face à face. Conducteurs à la tête des chevaux, surveillés par soldats. Tirailleurs éloignent combat du convoi, soutenus par escorte, qui attaque vigoureusement ; cavalerie charge, ne jamais poursuivre.

Feu au convoi. — Ecarter voitures enflammées, éloigner voitures de munitions et celles qui sont sous le vent ; sur une route, renverser voitures enflammées dans fossé, après avoir retiré les attelages. Quelquefois, abandonner à l'ennemi une partie du convoi (vin, eau-de-vie); les munitions à la dernière extrémité. Défense désespérée, mettre le feu au convoi et tâcher de se faire jour par attaque vigoureuse, emmener chevaux d'attelage, les tuer plutôt que de les abandonner.

Convoi de prisonniers. — Officiers séparés des soldats. Marcher par 2 ou par 4, ou ordre serré. Défense aux prisonniers de causer avec hommes de l'escorte ou habitants. Escorte charge ses armes en présence des prisonniers. Tentative de résistance, répression dernière sévérité ; plus l'escorte est faible, plus la répression rigoureuse. Pourvoir aux besoins des prisonniers, leur éviter insultes ; malades, ménagements, mais surveillance. Bivouacs ou repos, terrains découverts, loin d'habitations, bois, grands blés. Convoi cantonné, grands bâtiments, factionnaires à l'intérieur, bâtiments toujours éclairés. Une seule porte ouverte, garde à cette porte ; reste de l'escorte à proximité. Convoi attaqué, prisonniers couchés (boutons de pantalon), partie de l'escorte auprès, feu sur quiconque se lève avant l'ordre ; autre partie de l'escorte à la rencontre de l'ennemi.

Attaque. — Au passage d'un bois, défilé, pont, sinuosité, montée difficile. Partie des assaillants disperser l'escorte ; groupes sur premières et dernières voitures, les mettre en travers. Convois considérables, attaquer sur plusieurs points à la fois. Brûler voitures qu'on ne peut emmener.

Rôle des différentes armes. — Cavalerie : avant-garde et reconnaissance sur tous les chemins. Fouiller avec soin. Quelques cavaliers échelonnés dans la colonne pour surveillance et transmission des nouvelles ou ordres. — Infanterie : habituellement trois détachements, en tête, au centre et en queue. Dans la marche en avant, occupe positions dominantes ; marche en retraite, rompt les ponts, barricade ou détruit chemins. — Artillerie : suivant localités et circonstances (Voir le croquis).

Réquisitions.

Doivent être faites avec régularité, en exécution d'ordres précis ; s'appliquent à tout ce qui concerne l'entretien des troupes (voir pages 31, 32, 33).

Officier commandant reçoit ordre indiquant le lieu où doit être faite, nature, quantité des denrées. Le détachement qui l'accompagne divisé en deux parties : 1° *Détachement de protection*. Déboucher crânement dans le village, marcher en ordre, garder toutes les issues, empêcher qui que ce soit de sortir du village ; un homme dans le clocher. — 2° *Détachement d'exécution*. Reste, autant que possible, en dehors de la localité ; au point où les habitants devront apporter les denrées réquisitionnées. — Faire venir chef de municipalité ou notables, indiquer d'une manière ferme et précise lieu et heure pour la livraison. Si l'on ne se conformait pas à ses ordres, amendes ou perquisitions. Si les habitants se cachent ou ne veulent pas comprendre la langue qu'on leur parle, cesser tout discours, faire prendre une voiture, l'atteler, entrer dans les maisons, y prendre toutes les provisions que l'on trouvera, les charger sur la voiture et continuer sans écouter protestations. Arrêter dès le début toute jérémiade (elles n'ont pour but que de gagner du temps pour cacher les provisions). Exiger que le tambour de ville prévienne les habitants. Vérifier, avant de se remettre en route, le bon état des moyens de transport.

Défense. — (Voir page 89.)

Attaque. — Menée avec beaucoup de rapidité, disperser les gardes, tomber sur travailleurs, porter partie de sa troupe sur ligne de retraite de l'ennemi.

Surprises.

Secret, connaissance exacte des côtés faibles de l'ennemi. Moments favorables : point du jour, jours de pluie, brouillard, grande chaleur ; la nuit, mais avec des troupes d'élite et pour petites opérations.

Marche du détachement. — Silence, éviter lieux habités, grandes routes ; ligne de retraite, y laisser un soutien ; indiquer à tous les hommes du détachement la ligne de retraite ; signal et point de ralliement.

Attaque. — Résolue et prompte, retraite aussitôt résultat obtenu, excepté si le but est d'occuper une position et de s'y maintenir ; donner à chacun une mission spéciale. Lieux habités, attaquer sur plusieurs points à la fois ; une fraction chargée du mouvement offensif, une autre occupe les issues ; réserve en dehors de la localité. Communiquer le plan d'attaque au plus d'hommes possible. Troupes en marche (voir, page 89, *Attaque*).

Embuscades.

Secret, arriver avant le jour à l'endroit choisi. Temps de pluie, brouillard. Passer par ravins, bois, revers de collines. Quelquefois, petits détachements qui se laissent poursuivre attirent l'ennemi dans l'embuscade.

Arrivée au point choisi, silence, hommes cachés. Réprimer impatience ou curiosité ; l'attaque seulement au signal donné. Se garder par quelques sentinelles (quelquefois placées sur un arbre). Indiquer toujours ligne de retraite et point de ralliement.

Chemins de fer.

Reconnaissances. — Nombre de voies. Profil en long, pentes, rampes et paliers, alignements et courbes, longueurs, inclinaison rayon (ces renseignements sont contenus sur poteaux indicateurs). Profil de la voie. Vérifier écartement et fixité des rails, en faisant parcourir lentement la voie à un chariot de manœuvre. Ballast, sa hauteur au-dessus des traverses. Systèmes de rails.

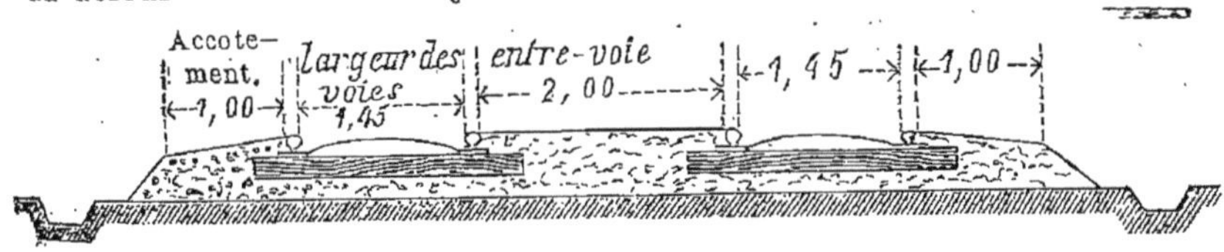

Rails.

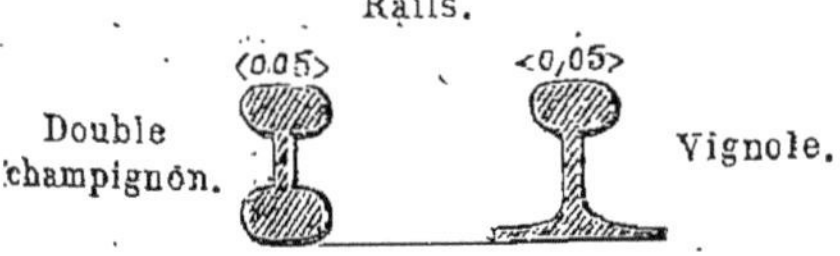

Hauteur 0,125 ou 0,13.
Longueur 6 mètres.
Poids 30 ou 37 kil. par mètre, soit de 180 à 220 kil.

Il faut 6 hommes pour les transporter sur les épaules. Nombre de traverses, 8, 7 ou 6 par rail. Eclisses de joint avec 4 boulons (joints appuyés, s'ils reposent sur des traverses ou en porte-à-faux). Devers dans les courbes (rail extérieur surélevé).

Changement de voie. — A, aiguillage ; B, croisement ; C, voie de raccordement ; *a a*, aiguilles ; *b b*, 2 rails contre-aiguilles ; *t*, tringles de connexion ; *m*, tringle de manœuvre ; M, appareil de manœuvre ; P, pointe de croisement ; DG, HK, pattes de lièvre. — A 2 ou 3 voies,

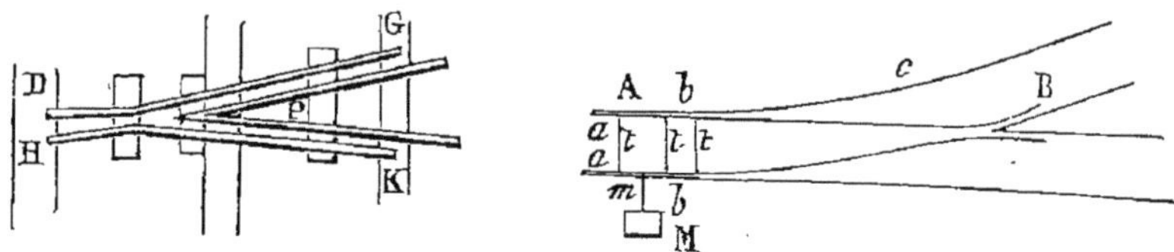

traversées de voies. Plaques tournantes. Grues de chargement, grues hydrauliques, réservoirs d'eau, appareils de pesage, heurtoirs.

Signaux. — Pétards.

Drapeaux et lanternes.	Voie libre. . . .	Signaux blancs immobiles, drapeau roulé, ou pas de signaux.
	Ralentissement..	Drapeau vert déroulé, ou lanterne verte.
	Arrêt immédiat.	Drapeau rouge déroulé, ou lanterne rouge, ou tout objet ou lanterne agité.
Disques.	Libre	Disque parallèle à la voie.
	Fermée	Disque perpendiculaire à la voie, le mécanicien voit face ou lanterne rouge.
Sémaphores	Libre	Bras vertical.
	Ralentissement..	Bras incliné à 45°.
	Arrêt	Bras horizontal.

Quais. — Leur longueur ; 100 mètres permettent de charger simultanément 15 wagons ; largeur, au moins 4 mètres ; hauteur de la plateforme, facilité d'accès.

Gares. — Tête de ligne ; station d'alimentation (prise d'eau pour les machines), station. Approvisionnement de combustible, établissements, magasins, ateliers, etc.

Locomotives. — 1° Machines à voyageurs (grande vitesse). Grande roue motrice et toutes les roues indépendantes ;

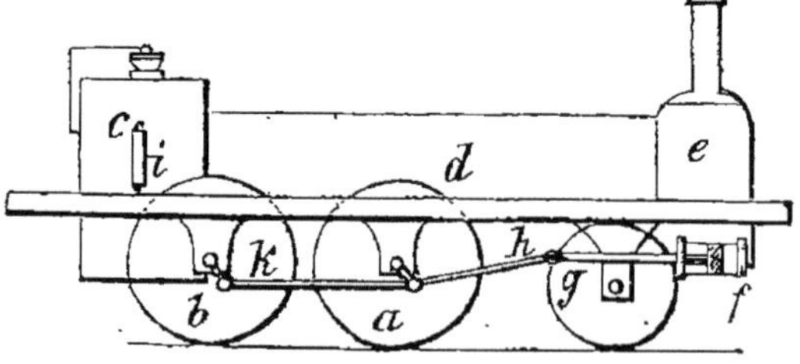

2° Machines mixtes (moyenne vitesse), deux roues accouplées et de moyen diamètre.

a, roue motrice ; *b*, roue couplée avec la roue motrice ; *c*, boîte à feu, foyer ; *d*, corps cylindrique (tubes) ; *e*, boîte à fumée ; *f*, cylindre et piston ; *g*, clavette d'attache de la tige du piston; *h*, bielle motrice ; *k*, bielle d'accouplement ; *i*, injecteur Giffard.

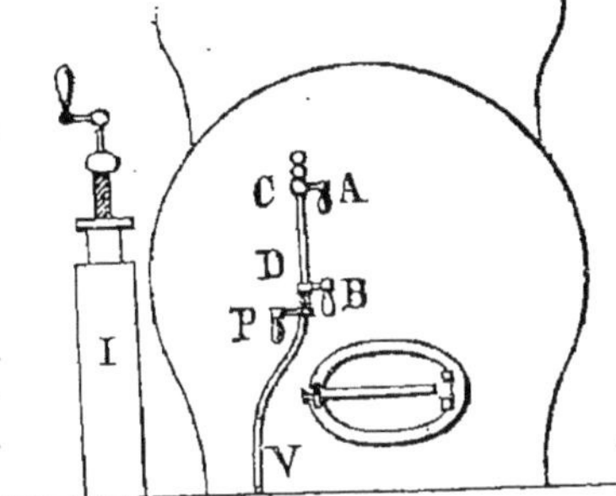

3° Machines à marchandises (petite vitesse), toutes les roues sont de petit diamètre et couplées.

L'injecteur Giffard I, réuni à la machine par 2 brides à boulons, est très-facile à enlever.

Le robinet P, dit purgeur, permet de diminuer le niveau de l'eau dans la chaudière ; l'eau s'écoule par le tuyau V.

C D, niveau d'eau ; A, robinet prise de vapeur du niveau ; B, robinet prise d'eau du niveau.

Outils.

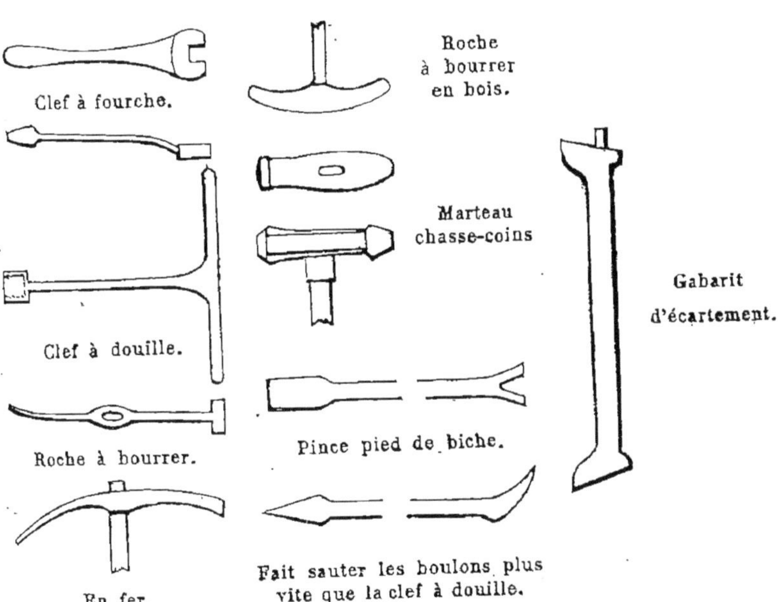

Destruction. — Disposition des travailleurs. — 1re *section :* Pelles et pioches ; chargée du déballastage ; 2 hommes attaquent chacune des traverses.

2e *section :* 8 à 10 clefs à fourche, 15 à 20 clefs à douille, ou des pinces à pied de biche, 7 à 10 marteaux chasse-coins, 7 à 10 masses; chargée d'enlever les attaches.

3e *section :* Répartie en groupes de 6 hommes ; enlever et charger les rails.

4e *section :* Répartie en groupes de 2 hommes ; enlever et charger les traverses. Cette section doit être plus forte que les autres.

On défait au moins 200 mètres de voie à l'heure.

Points à choisir. — Bifurcations, courbes, parties en déblai. Pour une destruction de la voie même, opérer en pleine voie, espacer les ruptures sur différents points du même kilomètre. On peut, en très-peu de temps, enlever l'aiguillage d'un changement de voie (voir figure ci-dessus) ; il suffit de casser les boulons à l'extrémité voisine de la troisième tringle de connexion, de détacher la tringle de manœuvre, et l'on emporte alors l'aiguille entière, avec ses tringles de connexion *a*, *a*, *t*, *t*, *t* (voir figure). Avoir soin d'intercepter les communications télégraphiques.

Destruction des matériaux. — Empiler les traverses (à claire-voie), placer dessus les rails, de manière à les faire reposer en équilibre, et mettre le feu (fagots, goudron), ou bien jeter traverses et rails dans une rivière.

Avec la dynamite. — Placer une cartouche à côté d'un joint de rail, autant que possible à l'extérieur de la voie, lui faire un logement dans le ballast, de manière qu'il y ait contact absolu des surfaces de la boîte et du rail ; recouvrir, si l'on a le temps, d'une couche de terre ou de ballast ; mettre à la file, contre le rail, le nombre des cartouches nécessaires (il faut de 500 à 1,000 grammes de dynamite) ; amorcer l'une d'elles avec une capsule au fulminate et un morceau de bickford de 0m,80 à 1m,00 de longueur.

Locomotives. — Mise hors d'usage sans détérioration, enlever les Giffard (*i*, fig.). Détérioration sérieuse, donner un coup de feu au foyer, en forçant le feu et faisant baisser le niveau de l'eau dans la chaudière (robinet P, voir fig.). Si pressé, ou machines non allumées, casser bielle motrice *h* (fig.), avec dynamite.

Dans les gares. — Enlever les aiguilles, les pattes de lièvre des croisements. Eventrer les réservoirs, mettre le feu aux approvisionnements de charbon.

Transport des troupes.

Commandant du corps d'armée envoie ordre et itinéraire ; le sous-intendant (service de marche) délivre autant de bons de chemins de fer qu'il y a de réseaux différents.

Agents de l'exploitation. — Sont chargés des opérations techniques, formation et conduite du train. Doivent s'adresser exclusivement au commandant du détachement ou à la commission d'étapes.

Chef du train. — Embarquement terminé et portières fermées, la direction, jusqu'à l'arrivée, lui appartient exclusivement, à moins que le train ne puisse être attaqué. S'il ne peut suivre l'itinéraire fixé, en donner immédiatement avis au chef de la troupe, se concerter avec lui sur les modifications à apporter.

Commandant du détachement. — Remet au chef de gare du départ le *bon*, après avoir signé la mention relative à l'exécution ; en échange, il reçoit le *billet collectif* (cet échange a lieu à chaque changement de réseau). Redemander, pendant la route, au chef de train le bon susdit, s'il y a lieu à mutations ou à observations. Les mutations sont inscrites au dos du billet collectif, signées par chef du détachement et chef de la gare où a lieu la mutation.

Les officiers ne doivent pas donner d'ordres directement aux agents des compagnies, s'adresser au chef de service. Officier commandant une troupe, ayant reçu ordre de mouvement et itinéraire, envoie un officier, dit préposé au chargement.

OFFICIER PRÉPOSÉ AU CHARGEMENT. — *Première mission.* Se met en rapport avec chef de gare, connaissance des dispositions arrêtées pour embarquement et voyage. Train par lequel on doit faire partir le logement, si nécessaire de l'envoyer d'avance. Abord des gares, accès des quais et trottoirs pour l'embarquement de tous et de tout. Emplacement où le corps peut se former avant l'embarquement ; mesures de police à prendre pour maintenir l'ordre et observer les consignes et défenses. Nombre d'auxiliaires nécessaires pour le chargement des bagages.

Deuxième mission : Départ. — Arrive une demi-heure avant la troupe, avec bagages et garde de police, dirige vaguemestre et son convoi sur point d'embarquement des voitures ; reconnaît train ; note affectation et contenance de chaque wagon, dans l'ordre où ils sont placés, à partir de la tête du train. Locomotive avec tender, fourgon du chef de train, c'est-à-dire un wagon couvert et chargé de bagages; une partie des voitures de la troupe, la voiture des officiers, la seconde partie des voitures de la troupe, un fourgon pour bagages, wagons pour voitures régimentaires et chevaux, voiture à frein. Garde de police, avec hommes punis, dans le wagon qui précède ou suit celui des officiers ; l'officier qui la commande, dans le wagon des officiers.

Sous-officier adjoint. — Numérote à la craie wagons et trucs, série distincte de numéros pour hommes, chevaux, matériel ; en regard du numéro, contenance.

Inscriptions. — Wagons à voyageurs, sur le grand marche-pied, entre les portières ; wagons à chevaux, sur le grand côté Après l'embarquement, inscrire à côté du numéro d'ordre le numéro de la compagnie. Toutes les inscriptions sont reproduites de l'autre côté du véhicule. Escabeaux ou bancs pour les hommes dans wagons à marchandises. Ponts volants. Si embarquement en pleine voie, rampes mobiles pour chevaux, longrines pour materiel. Remet, à l'arrivée de la troupe, au commandant, un état indiquant composition du train, contenance, affectation et numéros des véhicules (Voir le modèle *Rapport d'embarquement*).

Troisième mission : Arrivée. — Reconnaît dispositions prises par chef de gare pour débarquement de chevaux, voitures, matériel, s'assure que la gare est pourvue des engins nécessaires, et voit quel nombre d'auxiliaires sont nécessaires pour le déchargement. Rend compte au commandant.

CHEF DE LA TROUPE. — Prescrit composition du logement, et train qu'il doit prendre ; mesures pour assurer les subsistances le jour du départ et pendant le trajet. Tenue, bagages, garde de police, interdiction.

Subsistance des hommes. — Troupes, avant départ, reçoivent le pain pour toute la durée d'un trajet inférieur à 48 heures ; si trajet plus long, nouvelle distribution à une station d'étapes. Troupes emportent un repas froid (sur l'ordinaire). Aux haltes prévues, café le matin, repas chaud le soir (voir *Repas*, page 98). Trajet de plus de 24 heures, repas froid, renouvelé par achats faits en route par les ordinaires. Remplir les petits bidons (eau et eau-de-vie).

Subsistance des chevaux. — Le dernier repas doit avoir lieu deux heures au moins avant l'embarquement. Faire boire après ce repas. Fourrages (voir page 17) : les botillons pour les selles doivent être faits d'avance par les corps. Réserver un repas d'avoine pour faire manger les chevaux le plus tôt possible après débarquement. On emporte au plus pour deux jours de foin et d'avoine. Paille, foin et avoine menés à la gare par administration militaire.

Tenue. — Sacs (placer les poches à cartouches sous la patelette). On peut, d'après la température, être autorisé à faire usage des couvertures. Que le bas des jambes ne soit pas trop serré pendant le trajet, retirer pantalon de dedans les guêtres. Etiquettes pour les selles, en toile, nom de l'officier, cousues en fourreau à une courroie.

Bagages. — Composition du détachement qui doit, avec le vaguemestre et les auxiliaires de corvée, accompagner les bagages à la gare. Désigner un sous-officier adjoint à l'officier préposé au chargement. Transport des bagages.

Garde de police. — 1 officier, 1 sous-officier, 1 caporal, 1 clairon et 15 soldats.

Interdictions. — De passer la tête ou les bras hors des portières pendant la marche, d'ouvrir les portières, de passer d'une voiture dans une autre, de pousser des cris ou chanter, de descendre de voitiré aux stations avant le signal, de fumer dans wagons à chevaux et dans wagons à hommes, s'il y a de la paille sur le plancher. Avant départ, informer tous les officiers des stations où la troupe pourra descendre, et de la durée des haltes. Après l'embarquement, inspection rapide, accompagné de l'officier de la garde de police, du chef de gare et du chef de train. Si la caisse du régiment voyage avec, placée dans wagon plombé en sa présence, ou fermé à clef ; il reçoit la clef.

Contenance des wagons.

A voyageurs { Moins de 150 kilomètres, 10 places pour 9 hommes ;
Plus de — — 10 — 8 —

A marchandises : Chiffre inscrit sur la paroi du wagon.

Chargement des bagages. — Par employés de la gare, aidés des hommes de corvée ; vaguemestre surveille.

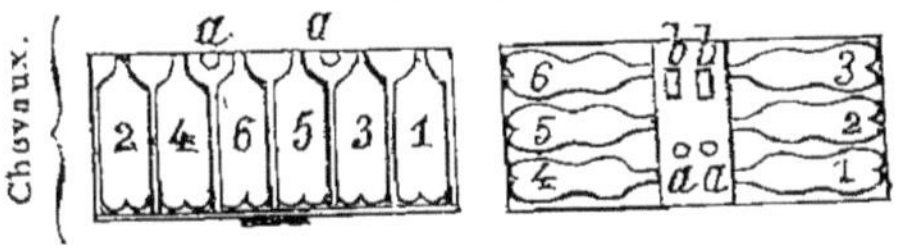

Chevaux. *a a*, strapontins (garde d'écurie), il a une botte de foin à ses pieds.

b b, deux piles de selles.

Voitures régimentaires, deux par truc ; vaguemestre s'assure qu'elles sont solidement amarrées.

Arrivée à la gare. Formation et fractionnement de la troupe. — Arrivée de la troupe trois quarts d heure avant le départ, rigoureusement. Troupe en ligne, sous-officiers, cantinières, enfants de troupe dans le rang. Adjudant-major divise en fractions correspondant à chaque wagon, sans distinction de compagnies (dénomination : 1er, 2e, 3e wagon). Sous-officiers et caporaux répartis, un sous-officier chef de wagon. Sapeurs, musiciens, tambours et clairons dans les premières voitures.

Embarquement. — Troupe fractionnée fait par le flanc ; deux pas de distance entre les fractions ; adjudant-major et adjudant indiquent le chemin. Officiers à hauteur du gros de leur troupe, indications à voix basse. Chaque fraction devant son wagon, halte et front, sans dédoubler ; faire serrer les files. A la sonnerie : *Garde à vous ; en avant*, ôter les sacs, fusils dans la saignée du bras, ramener giberne en avant. Tambours et musiciens, conduits par leurs chefs, vont déposer leurs instruments dans la voiture à bagage de tête. Deux hommes montent dans chaque compartiment, tenant à la main sac et fusil ; les autres passent leur sac aux deux premiers, puis montent. Fusil entre les jambes, crosse sur le plancher. Sacs sous les banquettes et aux places réservées. Interdit aux militaires montés en wagon d'en fermer les portières. Officiers s'assurent que la troupe est convenablement établie.

Haltes. — 1° *De 5 à 10 minutes.* Officier de la garde de police, avec adjudant, descendre et parcourir rapidement le train, tout en ordre, reçoit réclamations, peut autoriser quelques hommes pressés à descendre;

2° *De 10 à 15 minutes.* Officiers rapidement à hauteur des wagons de leur troupe. Garde de police descend immédiatement, place sentinelles nécessaires. Pas laisser circuler sur les voies, sortir des gares, etc. A la sonnerie *halte*, les fusils restent dans les wagons, hommes descendent exclusivement par la portière du côté du trottoir. Trois minutes avant le départ : *En avant*, remonter. Faire visiter chevaux, chargement du matériel, par officier préposé au chargement.

Repas. — 1° *Hommes. Durée du trajet : moins de 24 heures*, nourriture assurée par les compagnies. *Durée de 24 heures et plus*, itinéraire doit prévoir halte de deux heures dans une ville de garnison, où dispositions prises pour qu'un repas chaud soit prêt dans une caserne. Troupe descend, arme et sac au dos, conduite par officiers de semaine, ramenée aussitôt après.

2° *Chevaux.* Gardes d'écurie, pendant la route, donnent foin à la main, les bottes sont remplacées pendant les haltes. Avoine distribuée dans les musettes à la halte du repas. Pour abreuver, remplir les seaux et les passer aux gardes d'écurie par les fenêtres des wagons, les gardes d'écurie les reçoivent par-dessus la croupe des chevaux; on ne fait boire que lorsque le trajet est de plus de 12 heures.

Arrivée. — A la station qui précède, agents du chemin de fer préviennent. En tenue. Se tenir prêt à descendre. Chef de détachement fait reconnaître immédiatement disposition de la gare et de ses issues, faire placer par garde de police sentinelles nécessaires, désigner la portion qui doit accompagner les bagages.

Débarquement. — 1° *Troupe.* Sonnerie : *Garde à vous, Marche du régiment;* hommes descendent avec leur fusil, les sacs passés par les deux derniers. Tambours et musiciens reprennent leurs instruments. Troupe se forme par fractions, comme pour l'embarquement; alors emmenée et reformée par compagnies dès que hors de la gare. Les hommes doivent tenir à la main leur fourreau de sabre, quand ils descendent; ne pas appuyer leurs armes contre les voitures. Désigner un sous-officier par compagnie, chargé de visiter le train avec agent du chemin de fer, avant départ de la troupe.

2° *Bagages.* — Vaguemestre, avec partie de la garde de police et auxiliaires nécessaires au quai de déchargement. Hommes d'équipe débarquent d'abord chevaux d'officiers, puis voitures régimentaires, attelages et bagages.

Lignes télégraphiques.

Destruction. — Outils : marteaux, cisailles, scie ou hache, pelle et pioche. Couper et enlever les fils sur la plus grande longueur possible, briser supports isolants, couper poteaux en bois, renverser poteaux en fonte. Ligne souterraine, petites tranchées. A une station, enlever les appareils, briser piles. Interruption momentanée, relier tous les fils ensemble au moyen d'un autre que l'on enfonce dans le sol, ou d'un fil très-fin que l'on dissimule le plus possible, contre un poteau, par exemple.

Gués.

Herses de laboureur, dents en l'air, grosses pierres pour les maintenir en place ; planches à clous, chausse-trapes, arbres coupés, petits piquets.

Canaux.

Détruire vannes et déversoirs, briser machines motrices des écluses.

Ponts.

Destruction. — Ponts en pierre. Charge de dynamite (10 kil. par mètre courant de voûte) sur le sommet d'une voûte, dans une tranchée que l'on pratique, recouvrir de terre.

Ponts métalliques. Enrouler autour des arcs et des poutres un saucisson de dynamite, à raison de 10 kil. par mètre courant, attaquer suivant un profil, ou mieux suivant deux (2 kil. pour une poutre de 0m,20 ; 4 kil. pour une poutre de 0m,40).

Ponts suspendus. Couper, à une des extrémités, les câbles métalliques.

Ponts en bois. Goudron, huile, fascines sèches sur le tablier, et feu ; ou bien dynamite (1k,500 pour poutre de 0m,30 ; 2 kil. pour poutre de 0m,40).

Ponts de bateaux et bacs. Mettre le feu, enlever quelques planches à la cale des bateaux et les couler.

Matériel d'artillerie.

Destruction. — Enclouage. Clous barbelés en acier, enfoncer dans la lumière en frappant légèrement les premiers coups ; quand on sent de la résistance, briser le clou au ras de la pièce par un coup sec sur le côté.

Pièces se chargeant par la culasse. Emporter partie de l'appareil de fermeture. Frapper avec marteau, hache ou levier, sur les filets des vis de pointage et de fermeture, emporter ou briser les pièces de rechange contenues dans les coffrets d'affût. Jeter les obus à l'eau, noyer les caissons (gare aux fusées percutantes).

Armes portatives.

Destruction. — *Fusils.* Briser les crosses, fausser les canons en frappant l'extrémité sur un corps dur. Enlever la culasse mobile.

Revolvers. Détacher et jeter le barillet.

Lames de sabres. Faussées ou brisées.

Lances. Casser la hampe.

Position militaire.

Reconnaissance. — 1° *Pour défendre.* Déterminer l'attaque probable. Clef de la position. Ligne de défense, pas d'angles trop saillants ; en avant, champ de tir découvert ; ses diverses parties doivent se prêter un mutuel appui et pas séparées par obstacles infranchissables. Points faibles, ailes ; abris sur la ligne de défense et dans l'intérieur de la position. Abords, flancs, voies de communication en avant et en arrière. Pouvoir passer facilement à l'offensive. Manière de défendre, s'il n'y en a qu'une, dispositions à prendre, travaux à exécuter ; s'il y en a plusieurs, étudier les mesures à prendre, suivant le côté d'où viendra l'attaque. Ligne de retraite. Rechercher les emplacements où l'ennemi peut établir son artillerie. (Voir *Rapports.*)

2° *Pour attaquer.* Reconnaître sur la carte la direction à suivre, rechercher la clef de la position, points dont l'occupation facilitera celle de l'objectif. Ligne de retraite de l'ennemi, déterminer celle qu'on suivra soi-même si l'on est repoussé. Chercher à se rendre compte des facilités qu'offrent les abords de la position. Arrêter son plan, le communiquer aux officiers et sous-officiers, indiquer à chacun la tâche à remplir, un point de ralliement en cas d'insuccès.

Occupation. — 1° *Attaque immédiate.* Tirailleurs s'arrêtent sur la position ; éclaireurs en avant et sur les flancs, autres échelons, points abrités.

2° *Attaque très-voisine.* Eclaireurs dépassent la ligne, cherchant en avant et sur les flancs des points d'où découvrir et observer l'ennemi ; avant-garde sur la position ; gros point central à l'abri. Le capitaine fait reconnaissance et indique à chaque subdivision son emplacement et les travaux à exécuter. Chef de chaque subdivision étudie terrain en avant de lui et des subivisions voisines ; points de repère, distances de tir. Directions à suivre pour se porter sur la ligne de défense.

Défilés.

Défense. — 1° *En arrière.* Battre le défilé ; feux croisés sur le débouché. Un pont, détruire le parapet (le tablier et les arches ne doivent être détruits que sur avis spécial), position des troupes pas enfilée de la rive ennemie.

2° *En avant.* Protéger l'entrée contre les feux efficaces ; renfort à l'entrée, soutien dans l'intérieur ou au débouché en arrière. Pont ou gué, fractions du soutien sur la rive opposée pour flanquer ligne de tirailleurs de l'autre rive.

3° *A l'intérieur.* Choisir point où le passage s'élargit. Si flancs praticables, occuper les hauteurs.

Attaque. — 1° *Flancs accessibles.* Objectif, point dominant qui commande l'intérieur du défilé, menace ligne de retraite. Troupe disposée les ailes en avant. Partie du soutien sur la crête. Dans les montagnes, rechercher sentiers latéraux, et profiter des hauteurs dominant les passages. Chercher à arriver à la sortie du défilé en même temps que l'ennemi, et gagner assez de terrain en avant du débouché. Défilé très-court, forcer l'entrée, et traverser rapidement à la suite de l'adversaire.

2° *Flancs inaccessibles.* Tirailleurs éloignent l'ennemi de la rive opposée, et continuent leur feu pendant que soutien cherche à franchir ; s'il réussit, les tirailleurs traversent à leur tour.

Bois.

Reconnaissance (voir page 76). — Chemins et sentiers, lisière, saillants, rentrants, éclaircies, clairières, cours d'eau, coupures, point de ralliement.

Occupation. — Tirailleurs, voisinage des routes et chemins, saillants, points de la lisière où le terrain se relève, rentrants. Renforts en arrière des points les plus menacés, soutien à une coupure ou carrefour (voir pages 43 et 48).

Combat. — Dans l'intérieur, grouper les escouades, quelques hommes seulement pour la relation. Evacuation, se porter rapidement au delà de la portée du fusil. Poursuite, jusqu'à la lisière opposée.

Artillerie.

Soutien.— Emplacement, en avant et assez loin pour empêcher de tirer sur les servants ; en dehors de la ligne de tir de la batterie et des batteries adverses ; veiller aux flancs. Empêcher les tirailleurs ennemis d'approcher à 1,000 mètres des pièces.

Attaque. — Se placer en arrière de terrains sans consistance ; lorsque les projectiles tombent à peu de distance du front, se porter en avant et dépasser leur point de chute. Faire tirer à longue portée par les bons tireurs ; aussitôt que possible, concentrer son feu sur les pièces. Artillerie en mouvement, viser les attelages.

HISTORIQUE.

Rédaction jour par jour. Date de chaque jour en marge.

Départ. — Composition du corps. Tableau nominatif des officiers par bataillon et compagnie. Effectif en sous-officiers et hommes de troupe. Effectif des chevaux. Date du départ. Voyage en chemin de fer ou par étapes. Point de concentration et date de l'arrivée.

Camps ou cantonnements, bivouacs. — Emplacement, corps à droite et à gauche ; est-on en première ligne ou en deuxième ?

Avant-postes. — Emplacement des grand'gardes, troupes qui y sont employées.

Marches. — Faire le graphique. Heure du départ, des haltes, du passage aux points remarquables, des événements, de l'arrivée. Quelles troupes précèdent, quelles suivent ? Forme-t-on des colonnes de différentes armes ? Front sur lequel on marche. Nombre d'hommes laissés en arrière.

Reconnaissances. — Force et composition, but, résultat obtenu et autres renseignements (voir le *Rapport de reconnaissance.*)

Combats (voir *Rapport de combat*). — Position avant. Heures de changement de position, de marche en avant ou en retraite, d'occupation d'un point remarquable, de retraite du corps voisin. Le corps est-il couvert par des travaux, tranchées-abris, lieux habités servant de points d'appui, etc.

Prisonniers. — Nombre de prisonniers faits à l'ennemi, avec noms et grades des officiers.

Actions d'éclat. — Les mentionner dans tous leurs détails.

Récompenses. — Inscrire promotions, décorations et citations à l'ordre de l'armée (tenir à jour le tableau nominatif des officiers).

Situations. — Après une affaire à pertes sensibles, établir un nouveau tableau avec effectif, comme il est fait page 104 et suivantes.

Distributions. — Leur nature, heure, pour combien de jours ? Jusqu'à quelle date la troupe est-elle alignée ?

Journal.

Inscrire au jour le jour tous les faits qui peuvent avoir quelque intérêt. Se conformer aux indications données ci-dessus au sujet de l'historique. Bien distinguer ce que l'on a vu ou fait soi-même de ce qu'on a entendu raconter. Citer, autant que possible, le nom de celui par qui on a appris des choses que l'on n'a pas pu contrôler.

EFFECTIFS.

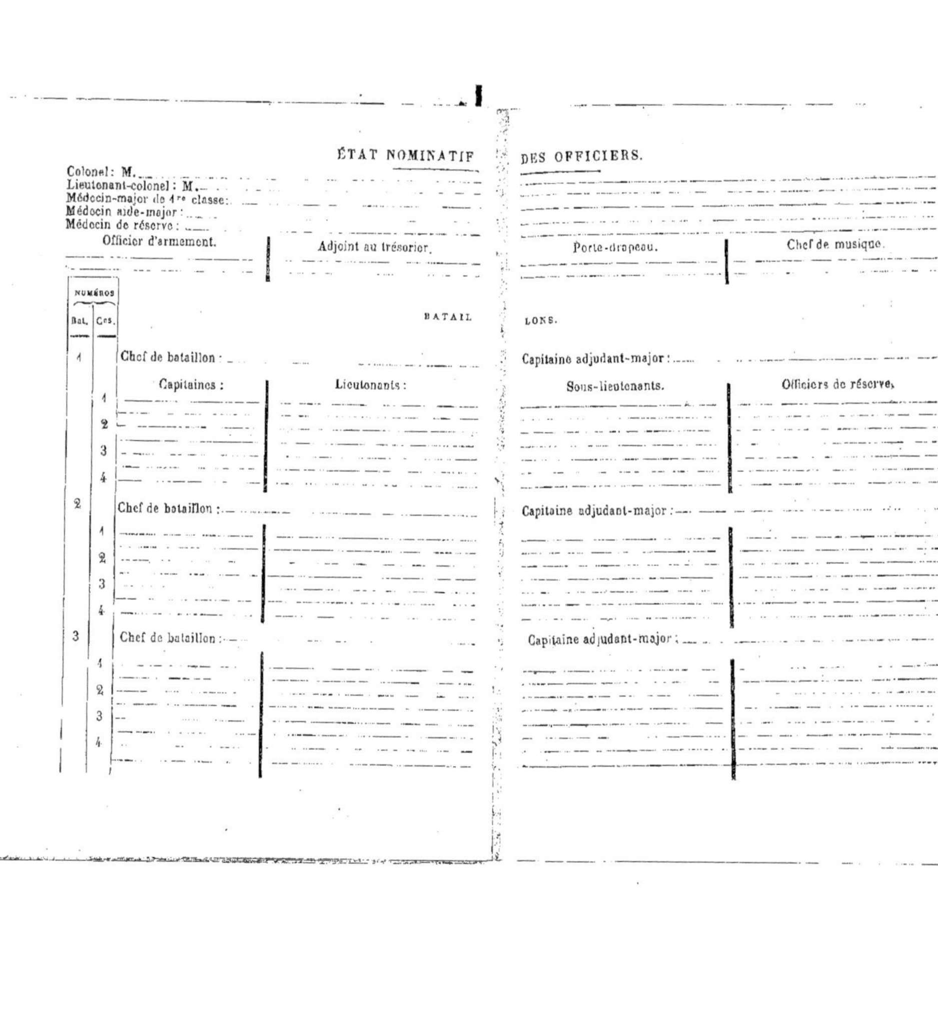

ÉTAT NOMINATIF DES OFFICIERS.

Colonel : M.
Lieutenant-colonel : M.
Médecin-major de 1re classe :
Médecin aide-major :
Médecin de réserve :

Officier d'armement.	Adjoint au trésorier.	Porte-drapeau.	Chef de musique.

BATAILLONS.

NUMÉROS Bat.	NUMÉROS Cies.	Capitaines :	Lieutenants :	Sous-lieutenants.	Officiers de réserve.
1		Chef de bataillon :		Capitaine adjudant-major :	
	1				
	2				
	3				
	4				
2		Chef de bataillon :		Capitaine adjudant-major :	
	1				
	2				
	3				
	4				
3		Chef de bataillon :		Capitaine adjudant-major :	
	1				
	2				
	3				
	4				

Composition du régiment à la date du

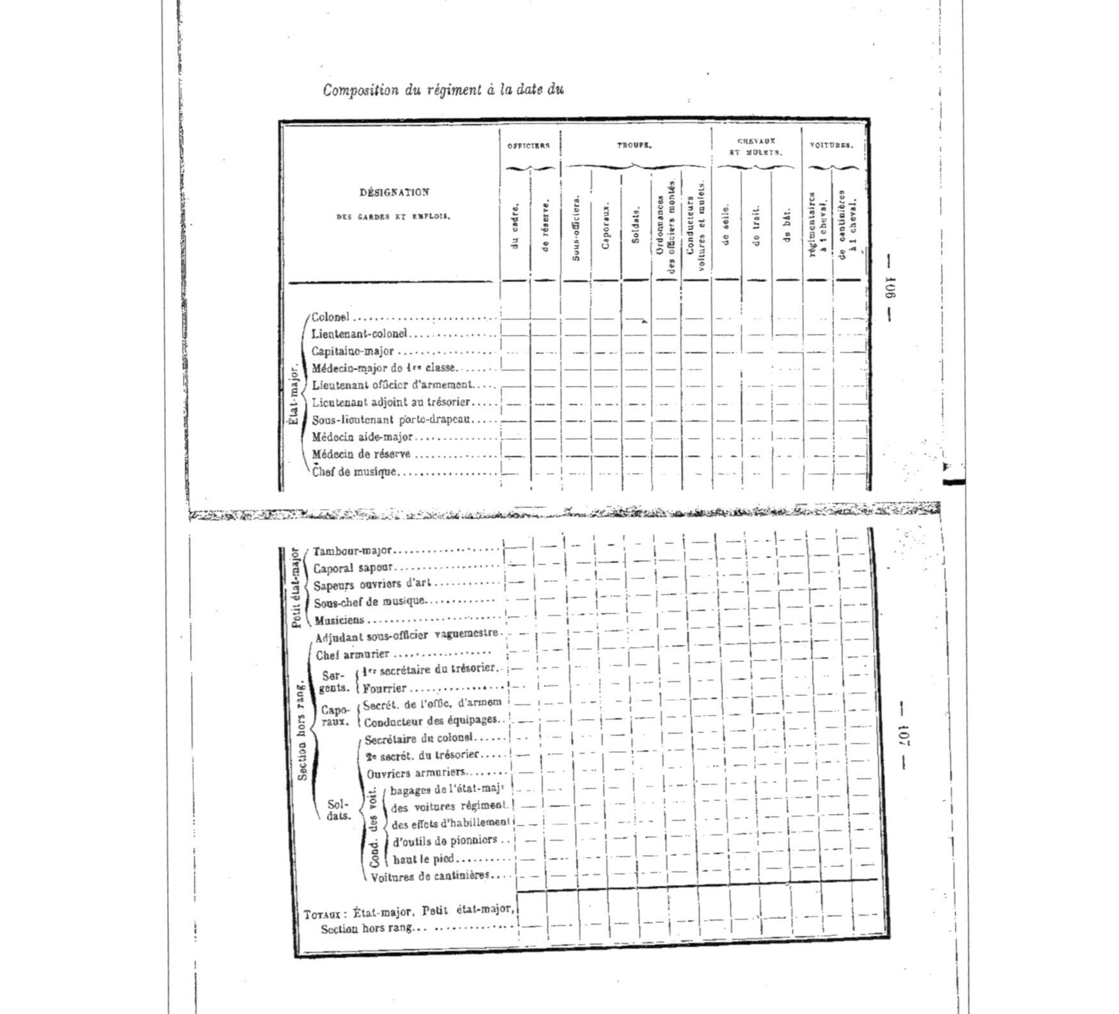

DÉSIGNATION DES GARDES ET EMPLOIS.	OFFICIERS		TROUPE.					CHEVAUX ET MULETS.			VOITURES.	
	du cadre.	de réserve.	Sous-officiers.	Caporaux.	Soldats.	Ordonnances des officiers montés.	Conducteurs voitures et mulets.	de selle.	de trait.	de bât.	régimentaires à 1 cheval.	de cantinières à 1 cheval.
État-major. Colonel												
Lieutenant-colonel												
Capitaine-major												
Médecin-major de 1re classe												
Lieutenant officier d'armement												
Lieutenant adjoint au trésorier												
Sous-lieutenant porte-drapeau												
Médecin aide-major												
Médecin de réserve												
Chef de musique												
Petit état-major. Tambour-major												
Caporal sapeur												
Sapeurs ouvriers d'art												
Sous-chef de musique												
Musiciens												
Section hors rang. Adjudant sous-officier vaguemestre												
Chef armurier												
Sergents. 1er secrétaire du trésorier												
Sergents. Fourrier												
Caporaux. Secrét. de l'offic. d'armem												
Caporaux. Conducteur des équipages												
Soldats. Secrétaire du colonel												
Soldats. 2e secrét. du trésorier												
Soldats. Ouvriers armuriers												
Soldats. Cond. des voit. bagages de l'état-maj												
Soldats. Cond. des voit. des voitures régiment												
Soldats. Cond. des voit. des effets d'habillement												
Soldats. Cond. des voit. d'outils de pionniers												
Soldats. Cond. des voit. haut le pied												
Soldats. Voitures de cantinières												
TOTAUX : État-major, Petit état-major, Section hors rang												

DÉSIGNATION DES GRADES ET EMPLOIS.		OFFICIERS du cadre.	OFFICIERS de réserve.	TROUPE. Sous-officiers.	TROUPE. Caporaux.	TROUPE. Soldats.	TROUPE. Ordonnances des officiers montés.	TROUPE. Conducteurs des voitures et mulets.	CHEVAUX ET MULETS de selle.	CHEVAUX ET MULETS de trait.	CHEVAUX ET MULETS de bât.	VOITURES régimentaires à 1 cheval.	VOITURES de cantinières à 1 cheval.
BATAILLON. État-major.	Chef de bataillon												
	Capitaine adjud.-major												
Petit état-major.	Adjudant sous-officier												
	Caporal tambour												
Conducteurs	de mulet d'ambulance												
	de la voit. de bag. des off.												
Compagnies. Offic.	Capitaines												
	Lieutenants												
	Sous-lieutenants												
	Lieut. ou s.-lieut. de rés.												
Sous-offic.	Sergents-majors												
	Sergents et fourriers												
Caporaux et caporaux-fourriers													
Tambours et clairons													
Soldats (dont taill. cord. sapeurs)													
TOTAUX du bataillon													
BATAILLON. État-major.	Chef de bataillon												
	Capitaine adjud.-major												
Petit état-major.	Adjudant sous-officier												
	Caporal tambour												
Conducteurs	de mulet d'ambulance												
	de la voit. de bag. des off.												
Compagnies. Offic.	Capitaines												
	Lieutenants												
	Sous-lieutenants												
	Lieut. ou s.-lieut. de rés.												
Sous-offic.	Sergents-majors												
	Sergents et fourriers												
Caporaux et caporaux-fourierrs													
Tambours et clairons													
Soldats (dont taill. cord. sapeurs)													
TOTAUX du bataillon													
A reporter													

DÉSIGNATION DES GRADES ET EMPLOIS.	OFFICIERS du cadre.	OFFICIERS de réserve.	TROUPE. Sous-officiers.	TROUPE. Caporaux.	TROUPE. Soldats.	TROUPE. Ordonnances des officiers montés.	TROUPE. Conducteurs des voitures et mulets.	CHEVAUX ET MULETS de selle.	CHEVAUX ET MULETS de trait.	CHEVAUX ET MULETS de bât.	VOITURES régimentaires à 1 cheval.	VOITURES de cantinières à 1 cheval.
Report												
Bataillon. État-major. Chef de bataillon												
Bataillon. État-major. Capitaine adjud.-major												
Bataillon. Petit état-major. Adjudant sous-officier												
Bataillon. Petit état-major. Caporal tambour												
Bataillon. Conducteurs de mulet d'ambulance												
Bataillon. Conducteurs de la voit. de bag. des off.												
Bataillon. Compagnies. Offic. Capitaines												
Bataillon. Compagnies. Offic. Lieutenants												
Bataillon. Compagnies. Offic. Sous-lieutenants												
Bataillon. Compagnies. Offic. Lieut. ou s.-lieut. de rés.												
Bataillon. Compagnies. Sous-offic. Sergents-majors												
Bataillon. Compagnies. Sous-offic. Sergents et fourriers												
Bataillon. Compagnies. Caporaux et caporaux-fourriers												
Bataillon. Compagnies. Tambours et clairons												
Bataillon. Compagnies. Soldats (dont taill. cord. sapeurs)												
TOTAUX du bataillon												
Bataillon. État-major. Chef de bataillon												
Bataillon. État-major. Capitaine adjud.-major												
Bataillon. Petit état-major. Adjudant sous-officier												
Bataillon. Petit état-major. Caporal tambour												
Bataillon. Conducteurs de mulet d'ambulance												
Bataillon. Conducteurs de la voit. de bag. des off												
Bataillon. Compagnies. Offic. Capitaines												
Bataillon. Compagnies. Offic. Lieutenants												
Bataillon. Compagnies. Offic. Sous-lieutenants												
Bataillon. Compagnies. Offic. Lieut. ou s.-lieut. de rés.												
Bataillon. Compagnies. Sous-offic. Sergents-majors												
Bataillon. Compagnies. Sous-offic. Sergents et fourriers												
Bataillon. Compagnies. Caporaux et caporaux-fourriers												
Bataillon. Compagnies. Tambours et clairons												
Bataillon. Compagnies. Soldats (dont taill. cord. sapeurs)												
TOTAUX du bataillon												
TOTAUX du régim. av. ét.-major et bat.												

CONTROLE

AVEC

RENSEIGNEMENTS DIVERS

SUR LE

PERSONNEL DE LA COMPAGNIE.

Sous-officiers Comptables.

NOMS ET PRÉNOMS.	GRADES	DATE de l'entrée au service.	DATE de la dernière promotion.	DÉCORATIONS.	CAMPAGNES.	BLESSURES. CITATIONS. ACTIONS D'ÉCLAT.	OBSERVATIONS.

Sous-officiers Comptables.

NOMS ET PRÉNOMS.	GRADES	DATE de l'entrée au service.	DATE de la dernière promotion.	DÉCORATIONS.	CAMPAGNES.	BLESSURES. CITATIONS. ACTIONS D'ÉCLAT.	OBSERVA-TIONS.

Première

Nos matricules.	NOMS ET PRÉNOMS.	GRADES.	CLASSES de tir.	ANCIENNES professions.
		Sergent.		

Première Escouade.

Nos matricules.	NOMS.	GRADES.	CLASSES de tir.	ANCIENNES professions.	OBSERVATIONS.
		Caporal			
		St 1re cl.			

Demi-Section.

DATE DE L'ENTRÉE AU SERVICE	DATE de la DERNIÈRE PROMOTION.	OBSERVATIONS.

Deuxième Escouade.

Nos matricules.	NOMS.	GRADES.	CLASSES de tir.	ANCIENNES professions.	OBSERVATIONS.
		Caporal			
		St 1re cl.			

Deuxième

Nos matricules.	NOMS ET PRÉNOMS.	GRADES.	CLASSES de tir.	ANCIENNES professions.
		Sergent.		

Troisième Escouade.

Nos matricules.	NOMS.	GRADES.	CLASSES de tir	ANCIENNES professions.	OBSERVATIONS.
		Caporal			
		St 1re cl.			

Demi-Section.

DATE DE L'ENTRÉE AU SERVICE	DATE de la DERNIÈRE PROMOTION.	OBSERVATIONS.

Quatrième Escouade.

N^{os} matricules.	NOMS.	GRADES.	CLASSES de tir.	ANCIENNES professions.	OBSERVATIONS.
		Caporal			
		S^{t} 1re cl.			

Troisième

Nos matricules.	NOMS ET PRÉNOMS.	GRADES.	CLASSES de tir.	ANCIENNES professions.
		Sergent.		

Cinquième Escouade.

Nos matricules.	NOMS.	GRADES.	CLASSES de tir.	ANCIENNES professions.	OBSERVATIONS.
		Caporal			
		St 1re cl.			

Demi-Section.

DATE DE L'ENTRÉE AU SERVICE	DATE de la DERNIÈRE PROMOTION.	OBSERVATIONS.

Sixième Escouade.

Nos matricules.	NOMS.	GRADES.	CLASSES de tir.	ANCIENNES professions.	OBSERVATIONS.
		Caporal			
		St 1re cl.			

Quatrième

Nos matricules.	NOMS ET PRÉNOMS.	GRADES.	CLASSES de tir.	ANCIENNES professions.
		Sergent.		

Septième Escouade.

Nos matricules.	NOMS.	GRADES.	CLASSES de tir.	ANCIENNES professions.	OBSERVATIONS.
		Caporal			
		St 1re cl.			

Demi-Section.

DATE DE L'ENTRÉE AU SERVICE	DATE de la DERNIÈRE PROMOTION.	OBSERVATIONS.

Huitième Escouade.

Nos matricules.	NOMS.	GRADES.	CLASSES de tir.	ANCIENNES professions.	OBSERVATIONS.
		Caporal			
		St 1re cl.			

Cinquième

Nos matricules.	NOMS ET PRÉNOMS.	GRADES.	CLASSES de tir.	ANCIENNES professions.
		Sergent.		

Neuvième Escouade.

Nos matricules.	NOMS.	GRADES.	CLASSES de tir	ANCIENNES professions.	OBSERVATIONS.
		Caporal			
		St 1re cl.			

Demi-Section.

DATE DE L'ENTRÉE AU SERVICE	DATE de la DERNIÈRE PROMOTION.	OBSERVATIONS.

Dixième Escouade.

Nos matricules.	NOMS.	GRADES.	CLASSES de tir.	ANCIENNES professions.	OBSERVATIONS.
		Caporal			
		St 1re cl.			

Sixième

Nos matricules.	NOMS ET PRÉNOMS.	GRADES.	CLASSES de tir.	ANCIENNES professions.
		Sergent.		

Onzième Escouade.

Nos matricules.	NOMS.	GRADES.	CLASSES de tir.	ANCIENNES professions.	OBSERVATIONS.
		Caporal			
		St 1re cl.			

Demi-Section.

DATE DE L'ENTRÉE AU SERVICE	DATE de la DERNIÈRE PROMOTION.	OBSERVATIONS.

Douzième Escouade.

Nos matricules.	NOMS.	GRADES.	CLASSES de tir	ANCIENNES professions.	OBSERVATIONS.
		Caporal			
		St 1re cl.			

Septième

Nos matricules.	NOMS ET PRÉNOMS.	GRADES.	CLASSES de tir.	ANCIENNES professions.
		Sergent.		

Treizième Escouade.

Nos matricules.	NOMS.	GRADES.	CLASSES de tir.	ANCIENNES professions.	OBSERVATIONS.
		Caporal			
		St 1re cl.			

Demi-Section.

DATE DE L'ENTRÉE AU SERVICE	DATE de la DERNIÈRE PROMOTION.	OBSERVATIONS.

Quatorzième Escouade.

Nos matricules.	NOMS.	GRADES.	CLASSES de tir.	ANCIENNES professions.	OBSERVATIONS.
		Caporal			
		St 1re cl.			

Huitième

Nos matricules.	NOMS ET PRÉNOMS.	GRADES.	CLASSES de tir.	ANCIENNES professions.
		Sergent.		

Quinzième Escouade.

Nos matricules.	NOMS.	GRADES.	CLASSES de tir.	ANCIENNES professions.	OBSERVATIONS.
		Caporal			
		St 1re cl.			

Demi-Section.

DATE DE L'ENTRÉE AU SERVICE	DATE de la DERNIÈRE PROMOTION.	OBSERVATIONS.

Seizième Escouade.

Nos matricules.	NOMS.	GRADES.	CLASSES de tir.	ANCIENNES professions.	OBSERVATIONS.
		Caporal			
		St 1re cl.			

Capitaine.

NOMS ET PRÉNOMS.	GRADES	DATE de l'entrée au service.	DATE de la dernière promotion.	DÉCORATIONS.	CAMPAGNES.	BLESSURES. CITATIONS. ACTIONS D'ÉCLAT.	OBSERVATIONS.

Lieutenant.

NOMS ET PRÉNOMS.	GRADES	DATE de l'entrée au service.	DATE de la dernière promotion.	DÉCORATIONS.	CAMPAGNES.	BLESSURES. CITATIONS. ACTIONS D'ÉCLAT.	OBSERVATIONS.

Sous-Lieutenant.

NOMS ET PRÉNOMS.	GRADES.	DATE de l'entrée au service.	DATE de la dernière promotion.	DÉCORATIONS.	CAMPAGNES.	BLESSURES. CITATIONS. ACTIONS D'ÉCLAT.	OBSERVATIONS.

Officier de Réserve.

NOMS ET PRÉNOMS.	GRADES	DATE de l'entrée au service.	DATE de la dernière promotion.	DÉCORATIONS.	CAMPAGNES.	BLESSURES. CITATIONS. ACTIONS D'ÉCLAT.	OBSERVATIONS.

ARMÉE.
CORPS D'ARMÉE.
DIVISION.

EMBARQUEMENT EN CHEMIN DE FER

à .... le .... 18 ....

BRIGADE.
RÉGIMENT.
BATAILLON.

NUMÉROS D'ORDRE DES VÉHICULES.				NATURE ET CONTENANCE DES VÉHICULES.					FRACTION DE TROUPE.		OBSERVATIONS.
GÉNÉRAUX.	PARTICULIERS POUR										
	Hommes	Chevaux.	Matériel.	Voyageurs.	Marchandises.	Chevaux.	Bagages.	Trucs.	Bataillon.	Compagnie.	
1											
2											
3											
4											
5											
6											
7											
8											
9											
10											
11											
12											
13											
14											
15											
16											
17											
18											
19											
20											
21											
22											
23											
24											
25											
26											
27											
28											
29											
30											
31											
32											
33											
34											
35											
36											
37											
38											
39											
40											

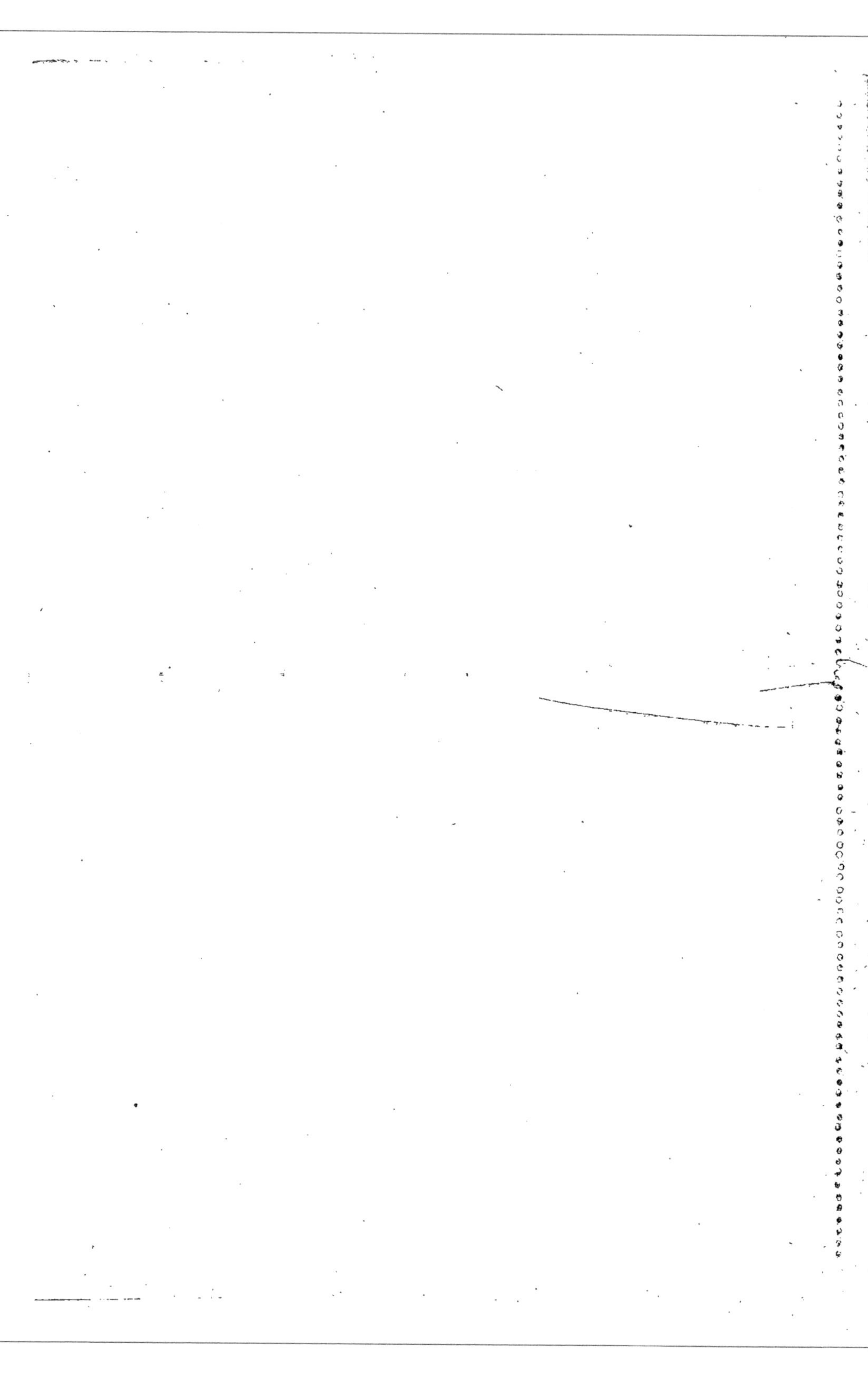

ARMÉE.

CORPS D'ARMÉE.

DIVISION.

EMBARQUEMENT EN CHEMIN DE FER

à le 18

BRIGADE.

RÉGIMENT.

BATAILLON.

NUMÉROS D'ORDRE DES VÉHICULES				NATURE ET CONTENANCE DES VÉHICULES					FRACTION DE TROUPE.		OBSERVATIONS.
GÉNÉRAUX.	PARTICULIERS POUR										
	Hommes	Chevaux.	Matériel.	Voyageurs.	Marchandises.	Chevaux.	Bagages.	Trucs.	Bataillon.	Compagnie.	
1											
2											
3											
4											
5											
6											
7											
8											
9											
10											
11											
12											
13											
14											
15											
16											
17											
18											
19											
20											
21											
22											
23											
24											
25											
26											
27											
28											
29											
30											
31											
32											
33											
34											
35											
36											
37											
38											
39											
40											

ARMÉE

CORPS D'ARMÉE

DIVISION.

EMBARQUEMENT EN CHEMIN DE FER

à le 18

BRIGADE

RÉGIMENT

BATAILLON.

NUMÉROS D'ORDRE DES VÉHICULES.				NATURE ET CONTENANCE DES VÉHICULES.					FRACTION DE TROUPE.		OBSERVATIONS.
GÉNÉRAUX.	PARTICULIERS POUR										
	Hommes	Chevaux.	Matériel.	Voyageurs.	Marchandises.	Chevaux.	Bagages.	Trucs.	Bataillon.	Compagnie.	
1.											
2											
3											
4											
5											
6											
7											
8											
9											
10											
11.											
12											
13.											
14											
15											
16											
17											
18											
19											
20											
21											
22											
23											
24											
25											
26											
27											
28											
29											
30											
31											
32											
33											
34											
35											
36											
37											
38											
39											
40											

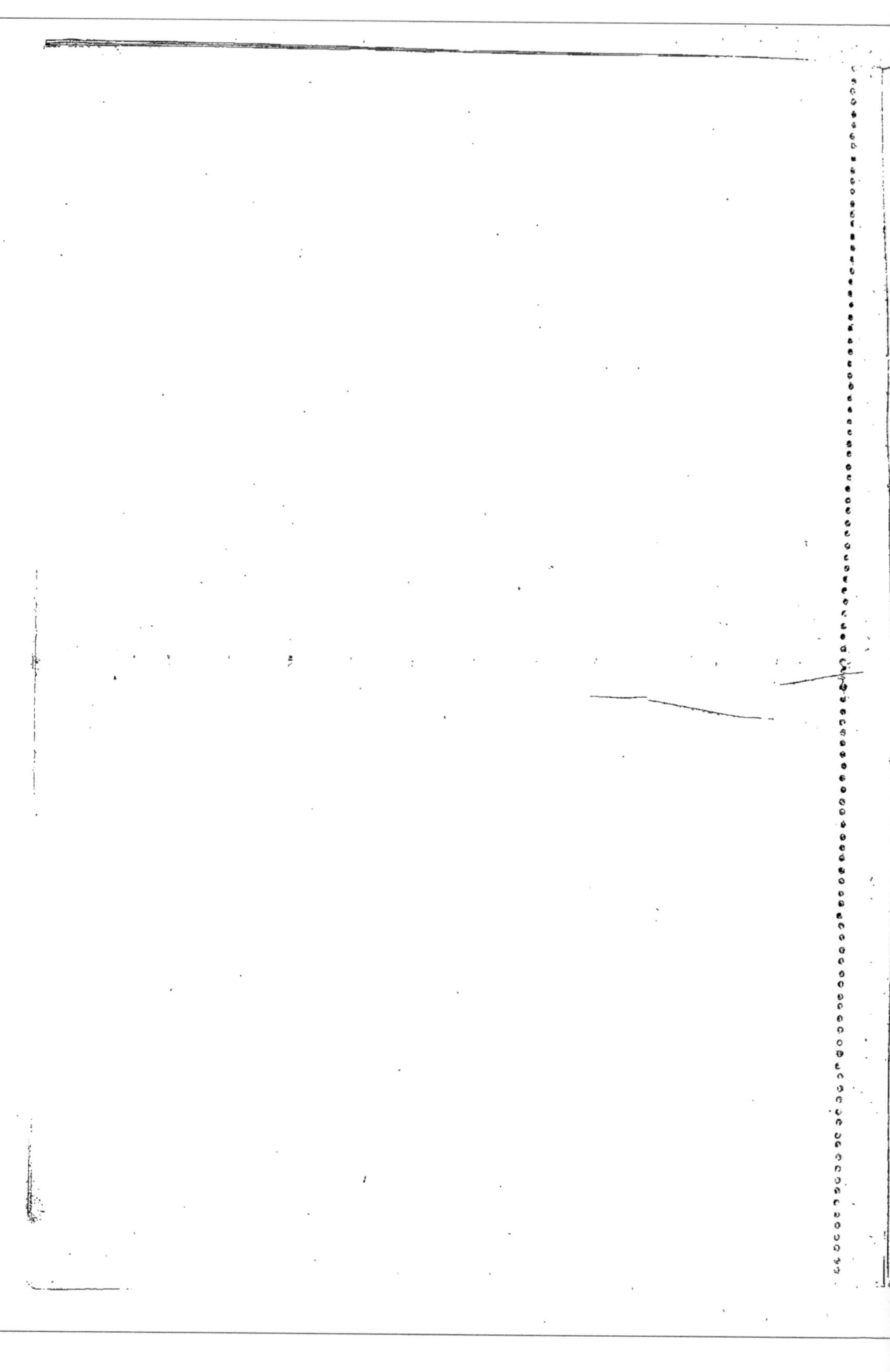

ARMÉE.

CORPS D'ARMÉE.

DIVISION.

EMBARQUEMENT EN CHEMIN DE FER

à .... le 18

BRIGADE

RÉGIMENT.

BATAILLON.

NUMÉROS D'ORDRE DES VÉHICULES.				NATURE ET CONTENANCE DES VÉHICULES.					FRACTION DE TROUPE.		OBSERVATIONS.
GÉNÉRAUX.	PARTICULIERS POUR										
	Hommes	Chevaux.	Matériel.	Voyageurs.	Marchandises.	Chevaux.	Bagages.	Trucs.	Bataillon.	Compagnie.	
1											
2											
3											
4											
5											
6											
7											
8											
9											
10											
11											
12											
13											
14											
15											
16											
17											
18											
19											
20											
21											
22											
23											
24											
25											
26											
27											
28											
29											
30											
31											
32											
33											
34											
35											
36											
37											
38											
39											
40											

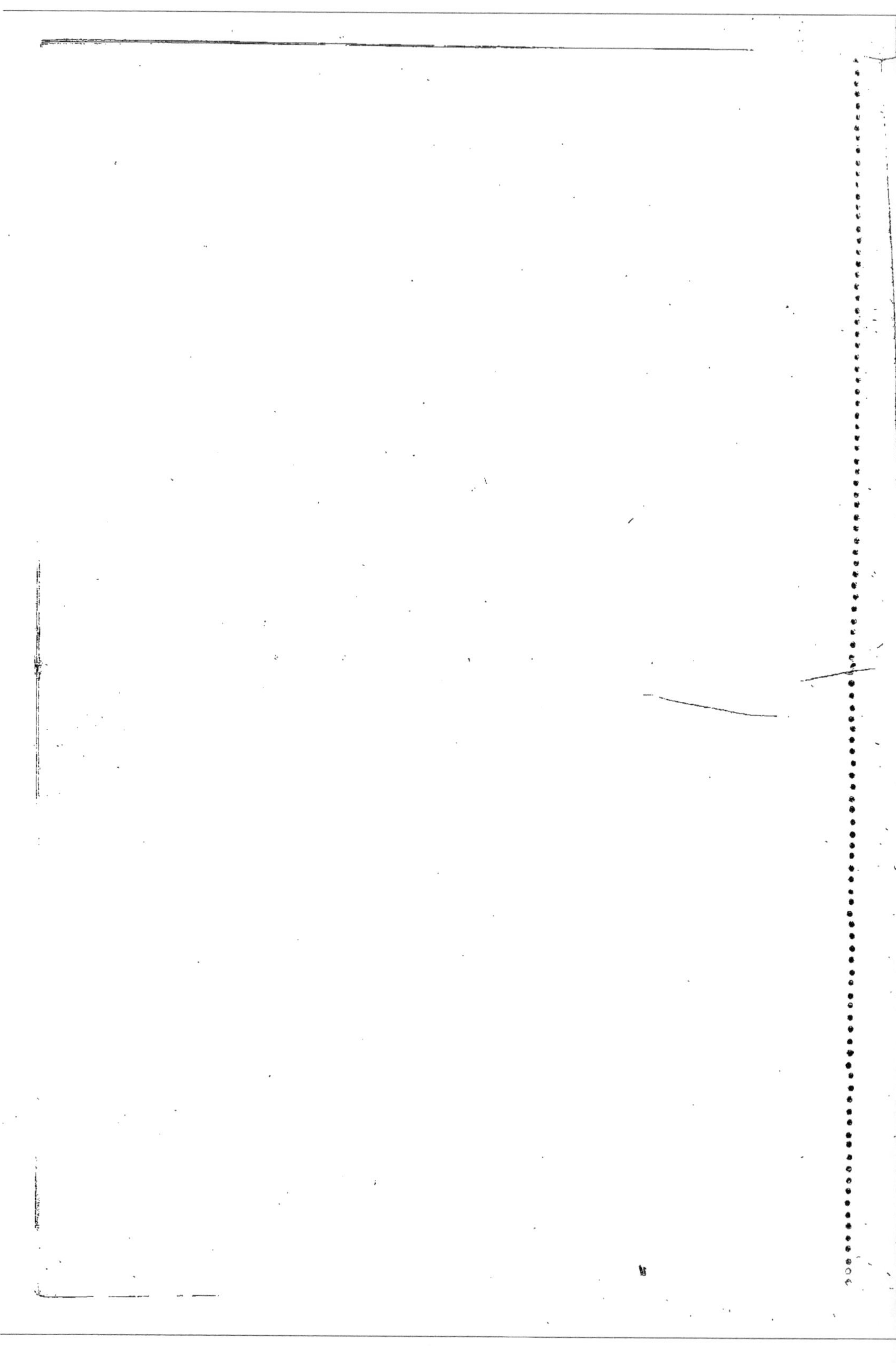

ARMÉE. | | BRIGADE.
CORPS D'ARMÉE. | | RÉGIMENT.
DIVISION. | | BATAILLON.

CANTONNEMENT

à le 18

NOMS des RUES OU PLACES.	NUMÉROS des maisons.	NATURE des HABITATIONS.	EFFECTIF LOGÉ.			FRACTION DE TROUPE		OBSERVATIONS. Logements des chefs. Ambulances. Distributions. Place d'alarme. Points de rassemblement. Garde de police. Eau. Bois. Fours. Habitants importants à connaître. (Voir modèle statistique.)
			Hommes.	Chevaux.	Voitures.	Bataillon.	Compagnie.	

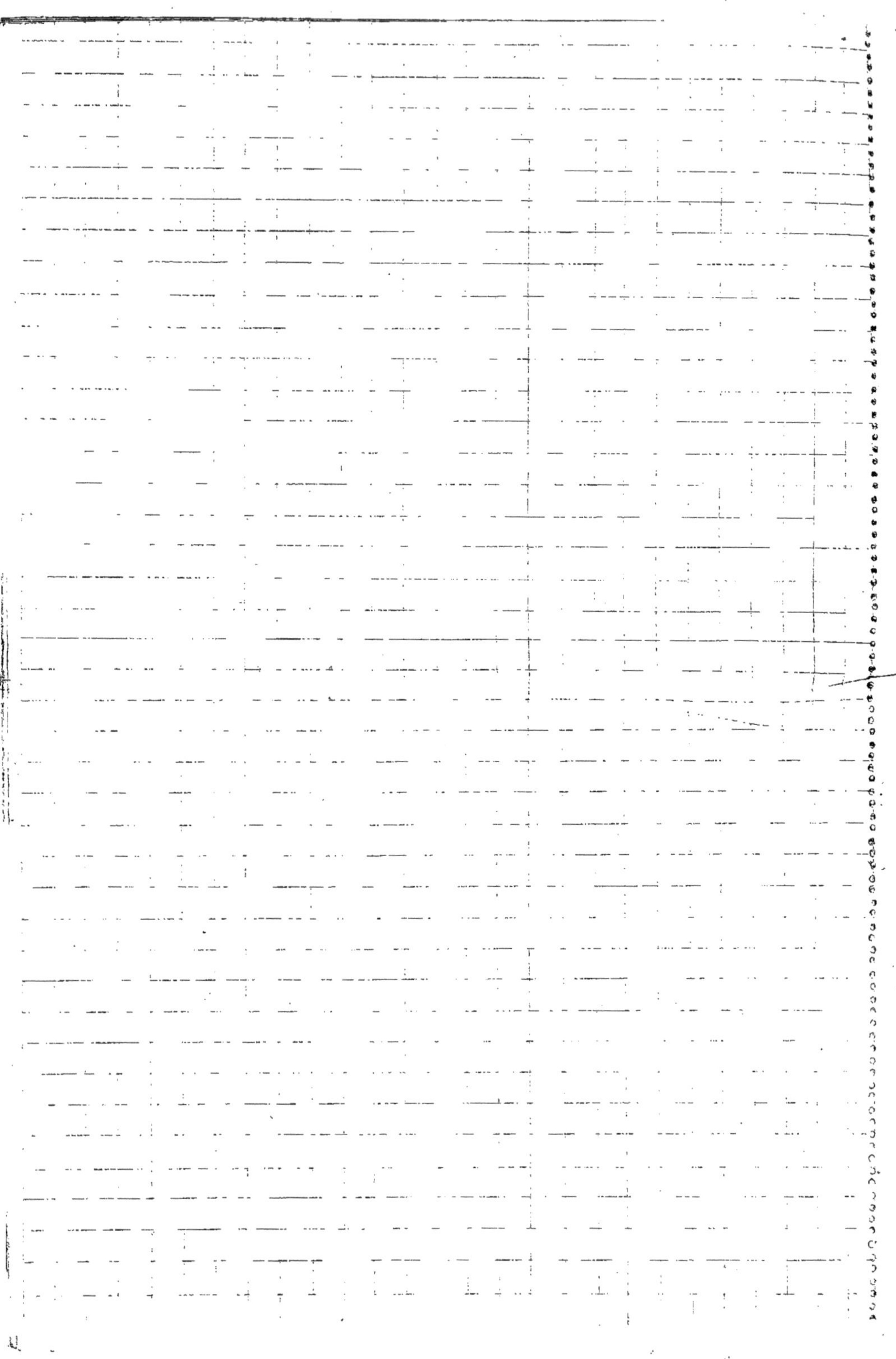

ARMÉE.
CORPS D'ARMÉE
DIVISION.

BRIGADE.
RÉGIMENT.
BATAILLON.

CANTONNEMENT

à ... le ... 18 ...

NOMS des RUES OU PLACES.	NUMÉROS des maisons.	NATURE des HABITATIONS.	EFFECTIF LOGÉ.			FRACTION DE TROUPE		OBSERVATIONS. Logements des chefs. Ambulances. Distributions. Place d'alarme. Points de rassemblement. Garde de police. Eau. Bois. Fours. Habitants importants à connaître. (Voir modèle statistique.)
			Hommes.	Chevaux.	Voitures.	Bataillon.	Compagnie.	

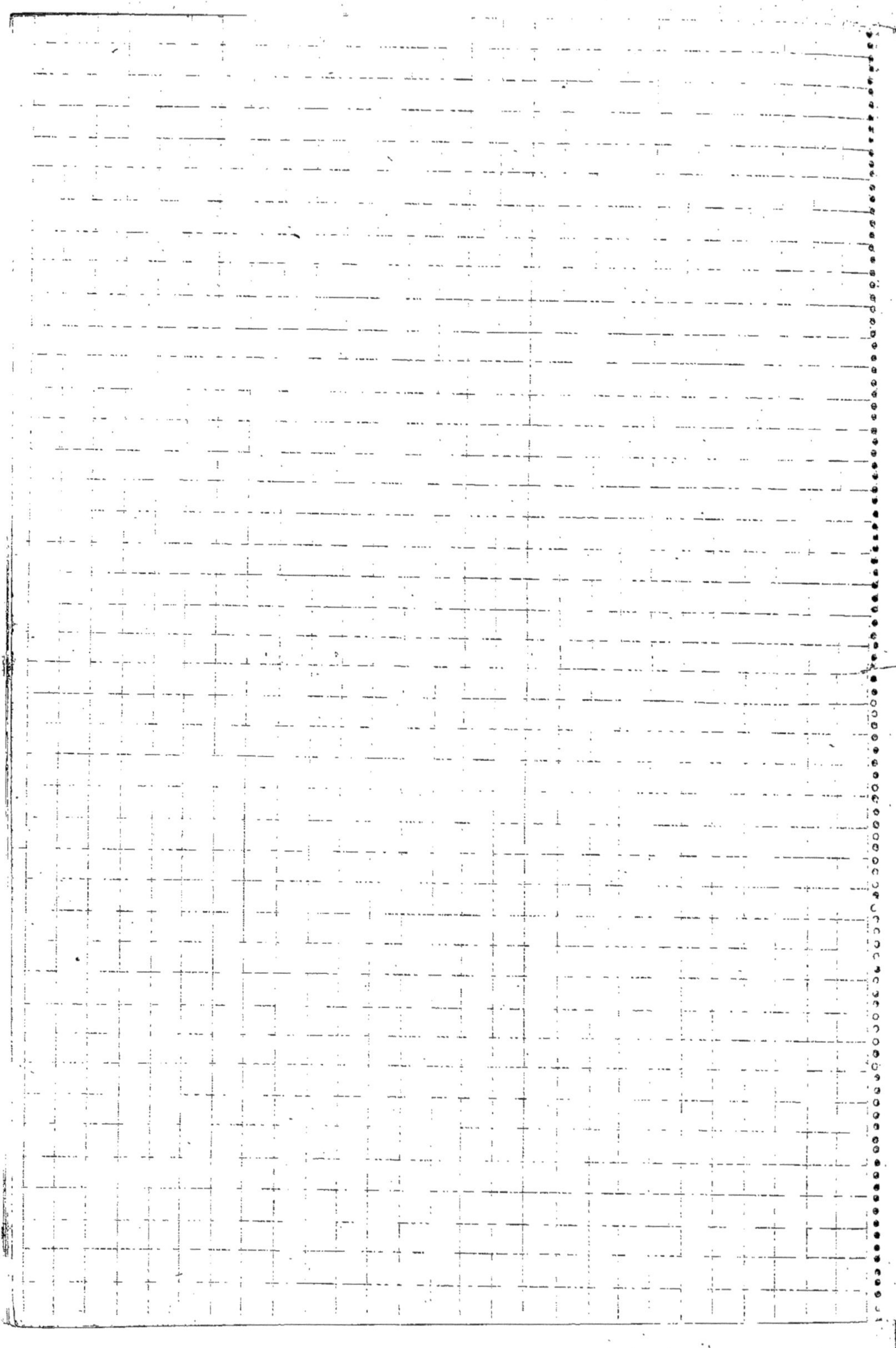

ARMÉE.
CORPS D'ARMÉE.
DIVISION.

CANTONNEMENT

à . . . . le . . . . 18 . . . .

BRIGADE.
RÉGIMENT.
BATAILLON.

NOMS des RUES OU PLACES.	NUMÉROS des maisons.	NATURE des HABITATIONS.	EFFECTIF LOGÉ.			FRACTION DE TROUPE		OBSERVATIONS. Logements des chefs. Ambulances. Distributions. Place d'alarme. Points de rassemblement. Garde de police. Eau. Bois. Fours. Habitants importants à connaître. (Voir modèle statistique.)
			Hommes.	Chevaux.	Voitures.	Bataillon.	Compagnie.	

ARMÉE.

CORPS D'ARMÉE.

DIVISION.

CANTONNEMENT

à .... le .... 18 ....

BRIGADE.

RÉGIMENT.

BATAILLON.

NOMS des RUES OU PLACES.	NUMÉROS des maisons.	NATURE des HABITATIONS.	EFFECTIF LOGÉ.			FRACTION DE TROUPE		OBSERVATIONS. Logements des chefs. Ambulances. Distributions. Place d'alarme. Points de rassemblement. Garde de police. Eau. Bois. Fours. Habitants importants à connaître. (Voir modèle statistique.)
			Hommes.	Chevaux.	Voitures.	Bataillon.	Compagnie.	

ARMÉE.
CORPS D'ARMÉE.
DIVISION.

BRIGADE.
RÉGIMENT.
BATAILLON.

CANTONNEMENT

à le 18

NOMS des RUES OU PLACES.	NUMÉROS des maisons.	NATURE des HABITATIONS.	EFFECTIF LOGÉ.			FRACTION DE TROUPE		OBSERVATIONS. Logements des chefs. Ambulances. Distributions. Place d'alarme. Points de rassemblement. Garde de police. Eau. Bois. Fours. Habitants importants à connaître. (Voir modèle statistique.)
			Hommes.	Chevaux.	Voitures.	Bataillon.	Compagnie.	

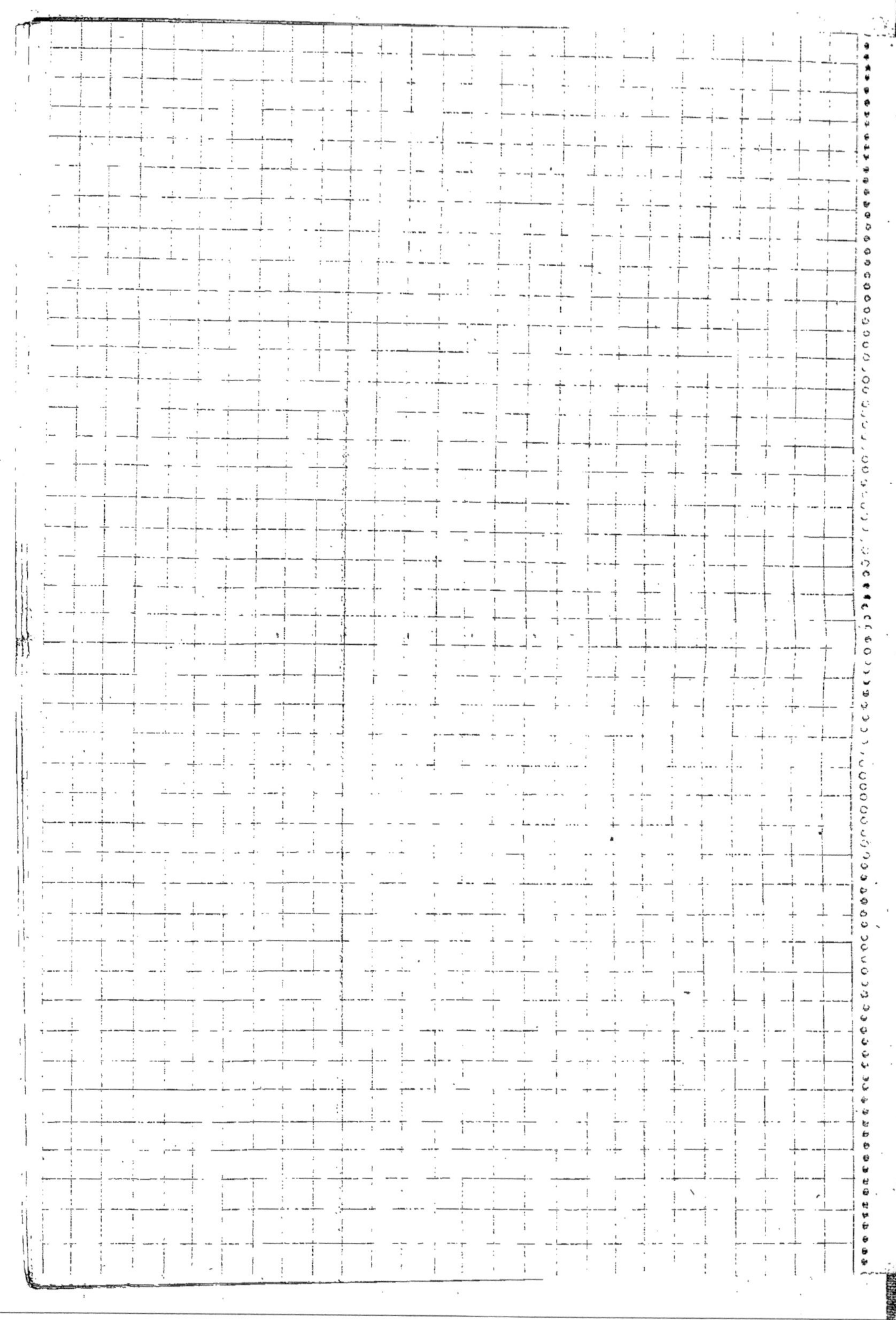

ARMÉE. CORPS D'ARMÉE. DIVISION.

CANTONNEMENT

à .... le 18

BRIGADE. RÉGIMENT. BATAILLON.

NOMS des RUES OU PLACES.	NUMÉROS des maisons.	NATURE des HABITATIONS.	EFFECTIF LOGÉ.			FRACTION DE TROUPE		OBSERVATIONS. Logements des chefs. Ambulances. Distributions. Place d'alarme. Points de rassemblement. Garde de police. Eau. Bois. Fours. Habitants importants à connaître. (Voir modèle statistique.)
			Hommes.	Chevaux.	Voitures.	Bataillon.	Compagnie.	

ARMÉE

CORPS D'ARMÉE.

DIVISION

CANTONNEMENT

à le 18

BRIGADE.

RÉGIMENT.

BATAILLON.

NOMS des RUES OU PLACES.	NUMÉROS des maisons.	NATURE des HABITATIONS.	EFFECTIF LOGÉ.			FRACTION DE TROUPE		OBSERVATIONS. Logements des chefs. Ambulances. Distributions. Place d'alarme. Points de rassemblement. Garde de police. Eau. Bois. Fours. Habitants importants à connaître. (Voir modèle statistique.)
			Hommes.	Chevaux.	Voitures.	Bataillon.	Compagnie.	

ARMÉE

CORPS D'ARMÉE.

DIVISION.

CANTONNEMENT

à le 18

BRIGADE.

RÉGIMENT.

BATAILLON.

NOMS des RUES OU PLACES.	NUMÉROS des maisons.	NATURE des HABITATIONS.	EFFECTIF LOGÉ.			FRACTION DE TROUPE		OBSERVATIONS. Logements des chefs. Ambulances. Distributions. Place d'alarme. Points de rassemblement. Garde de police. Eau. Bois. Fours. Habitants importants à connaître. (Voir modèle statistique.)
			Hommes.	Chevaux.	Voitures.	Bataillon.	Compagnie.	

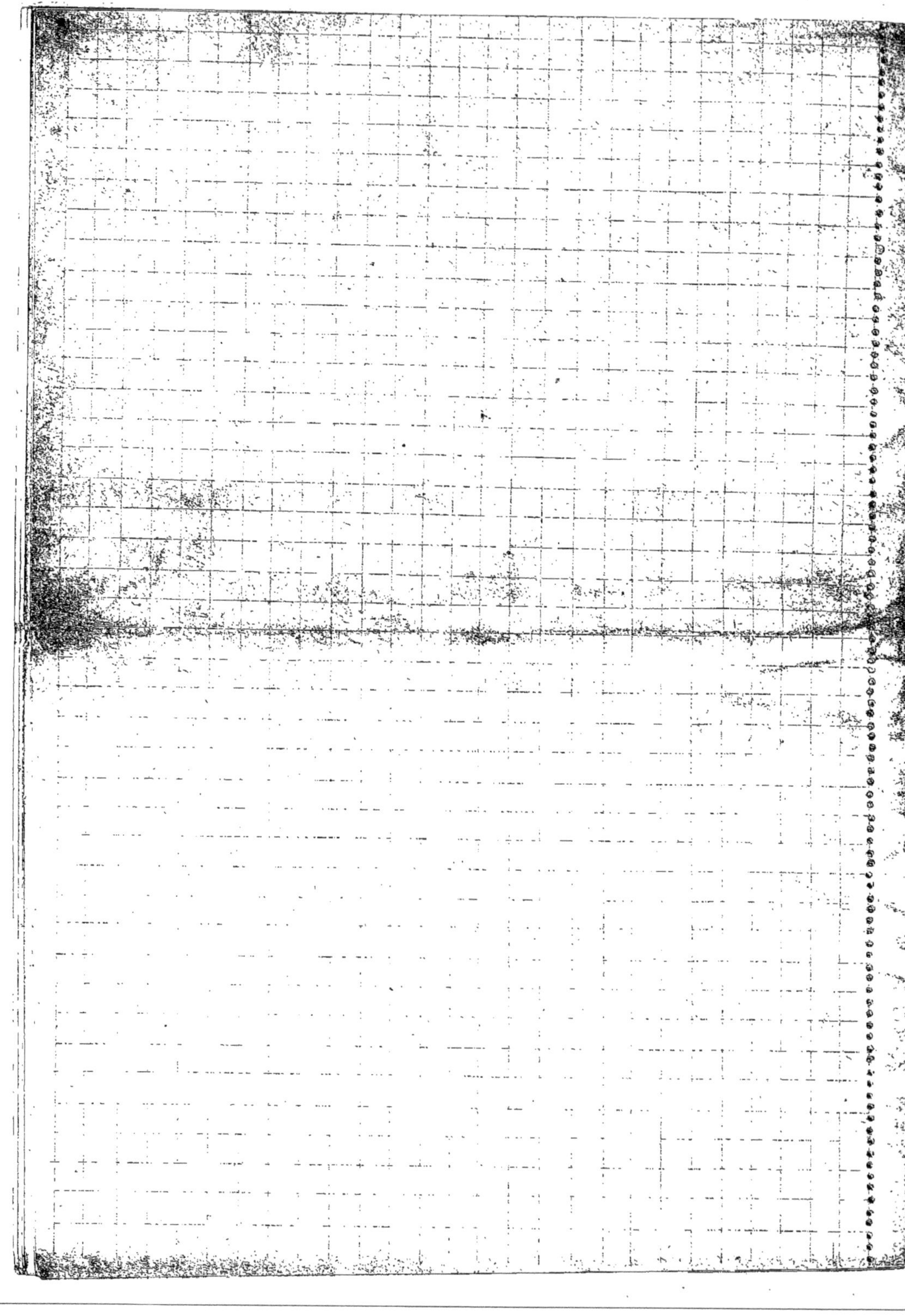

Rédiger sous forme de note très-claire, très-précise et très-brève.

ARMÉE.
CORPS D'ARMÉE.
DIVISION.
BRIGADE.
RÉGIMENT.
BATAILLON.
COMPAGNIE.

AVIS URGENT N°

Lieu d'où part l'avis.

Le ______________________ 18______

heures minutes (matin ou soir).

Signature et grade de l'expéditeur.

ARMÉE.
CORPS D'ARMÉE.
DIVISION.
BRIGADE.
RÉGIMENT.
BATAILLON.
COMPAGNIE.

AVIS URGENT N°

Lieu d'où part l'avis.

Le ______________________ 18______

heures minutes (matin ou soir).

Signature et grade de l'expéditeur.

Rédiger sous forme de note très-claire, très-précise et très-brève.

ARMÉE.
CORPS D'ARMÉE.
DIVISION.
BRIGADE.
RÉGIMENT.
BATAILLON.
COMPAGNIE.

Lieu d'où part l'avis.

AVIS URGENT N°

Le ____________ 18 ______

heures   minutes (matin ou soir).

Signature et grade de l'expéditeur.

ARMÉE.
CORPS D'ARMÉE.
DIVISION.
BRIGADE.
RÉGIMENT.
BATAILLON.
COMPAGNIE.

Lieu d'où part l'avis.

AVIS URGENT N°

Le ____________ 18 ______

heures   minutes (matin ou soir).

Signature et grade de l'expéditeur.

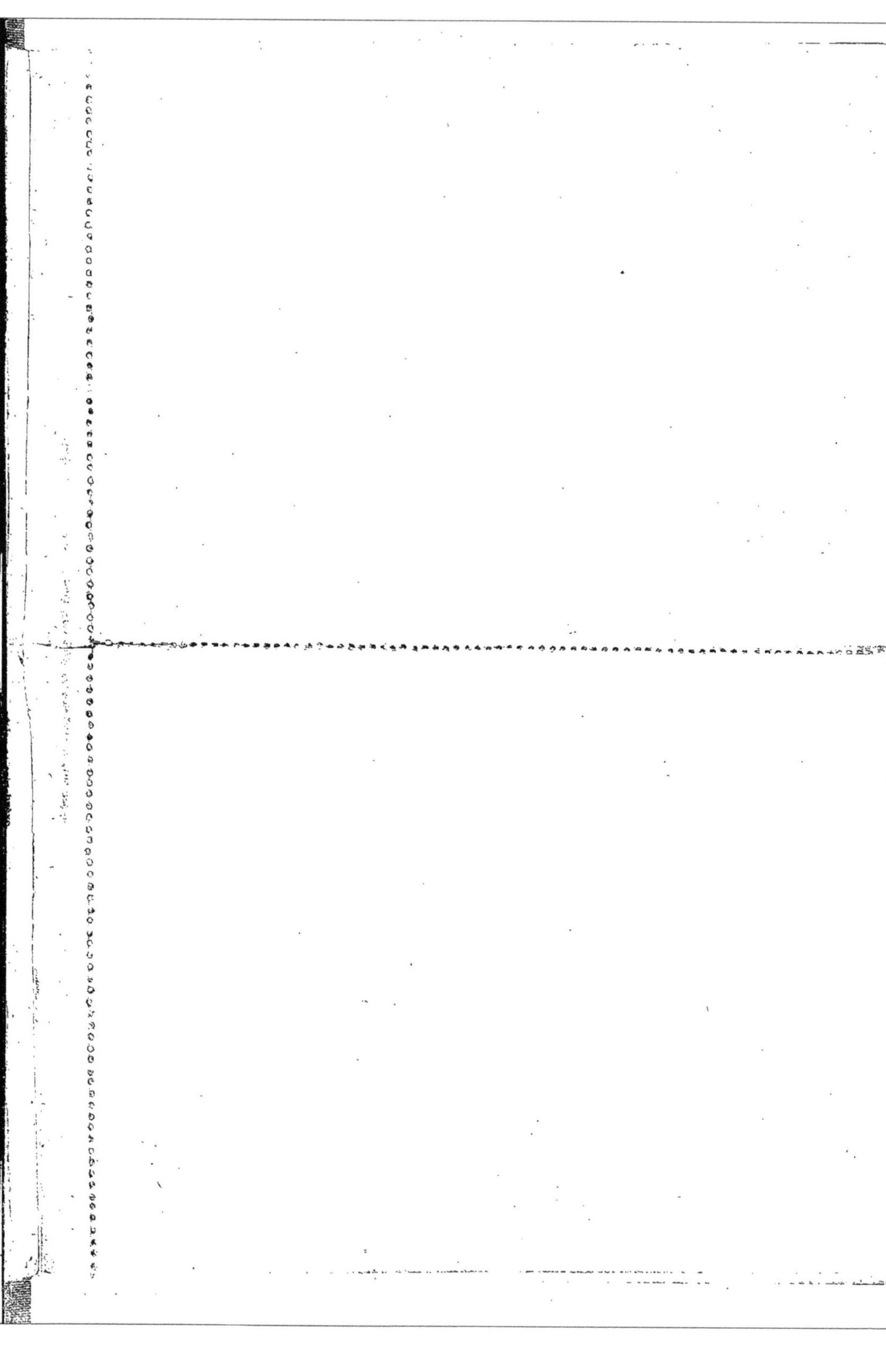

Rédiger sous forme de note très-claire, très-précise et très-brève.

ARMÉE.
CORPS D'ARMÉE.
DIVISION.
BRIGADE.
RÉGIMENT.
BATAILLON.
COMPAGNIE.

Lieu d'où part l'avis.

AVIS URGENT N°

Le ____________________ 18 ______

heures minutes (matin ou soir).

Signature et grade de l'expéditeur.

ARMÉE.
CORPS D'ARMÉE.
DIVISION.
BRIGADE.
RÉGIMENT.
BATAILLON.
COMPAGNIE.

Lieu d'où part l'avis.

AVIS URGENT N°

Le ____________________ 18 ______

heures minutes (matin ou soir).

Signature et grade de l'expéditeur.

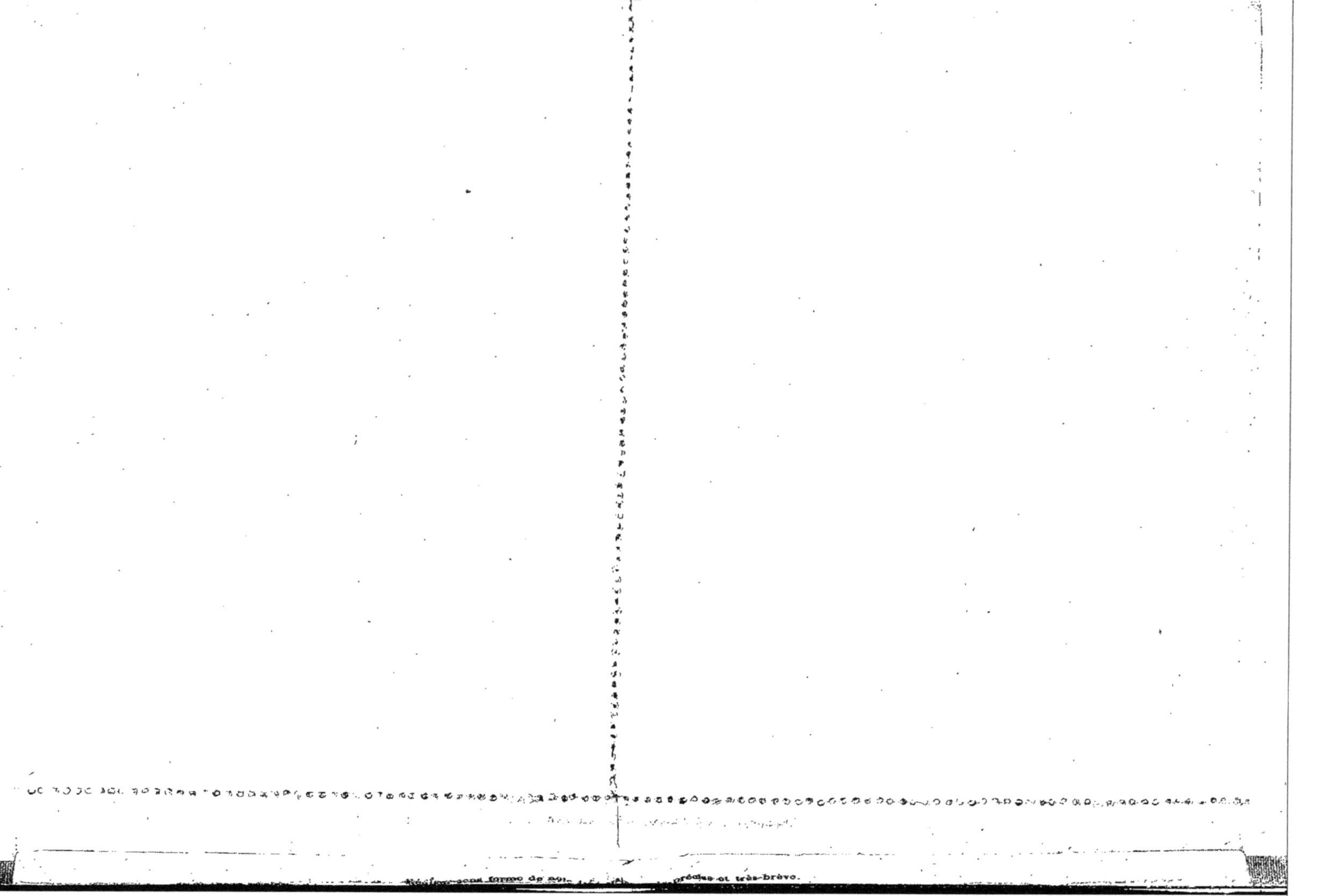

Rédiger sous forme de note très-claire, très-précise et très-brève.

ARMÉE.
CORPS D'ARMÉE.
DIVISION.
BRIGADE.
RÉGIMENT.
BATAILLON.
COMPAGNIE.

Lieu d'où part l'avis.

AVIS URGENT N°

Le ______________________ 18 ______

heures minutes (matin ou soir).

Signature et grade de l'expéditeur.

ARMÉE.
CORPS D'ARMÉE.
DIVISION.
BRIGADE.
RÉGIMENT.
BATAILLON.
COMPAGNIE.

Lieu d'où part l'avis.

AVIS URGENT N°

Le ______________________ 18 ______

heures minutes (matin ou soir).

Signature et grade de l'expéditeur.

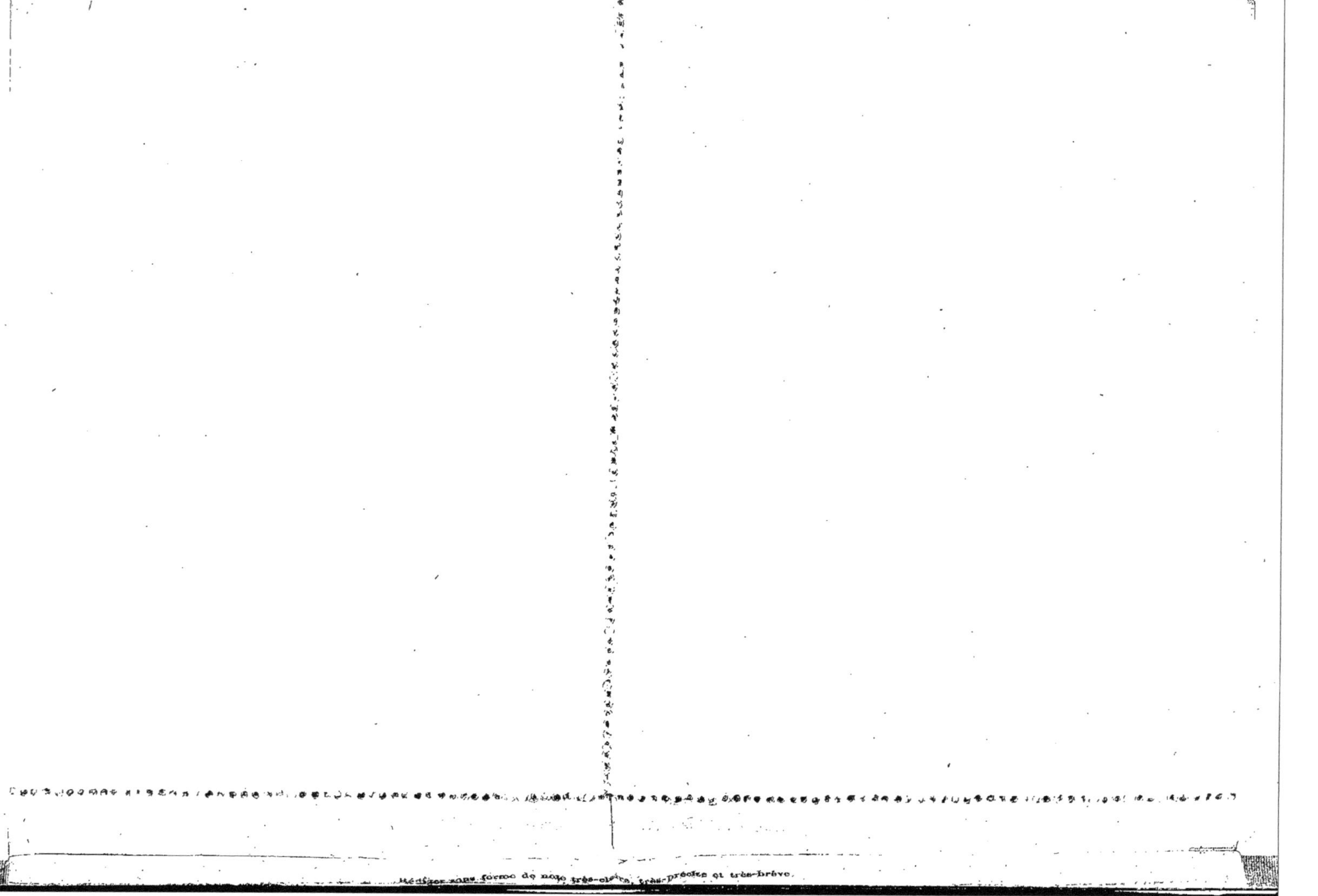

Rédiger sous forme de note très-claire, très-précise et très-brève.

Rédiger sous forme de note très-claire, très-précise et très-brève.

ARMÉE.
CORPS D'ARMÉE.
DIVISION.
BRIGADE.
RÉGIMENT.
BATAILLON.
COMPAGNIE.

Lieu d'où part l'avis.

AVIS URGENT N°

Le ______________ 18____

heures minutes (matin ou soir).

Signature et grade de l'expéditeur.

ARMÉE.
CORPS D'ARMÉE.
DIVISION.
BRIGADE.
RÉGIMENT.
BATAILLON.
COMPAGNIE.

Lieu d'où part l'avis.

AVIS URGENT N°

Le ______________ 18____

heures minutes (matin ou soir).

Signature et grade de l'expéditeur.

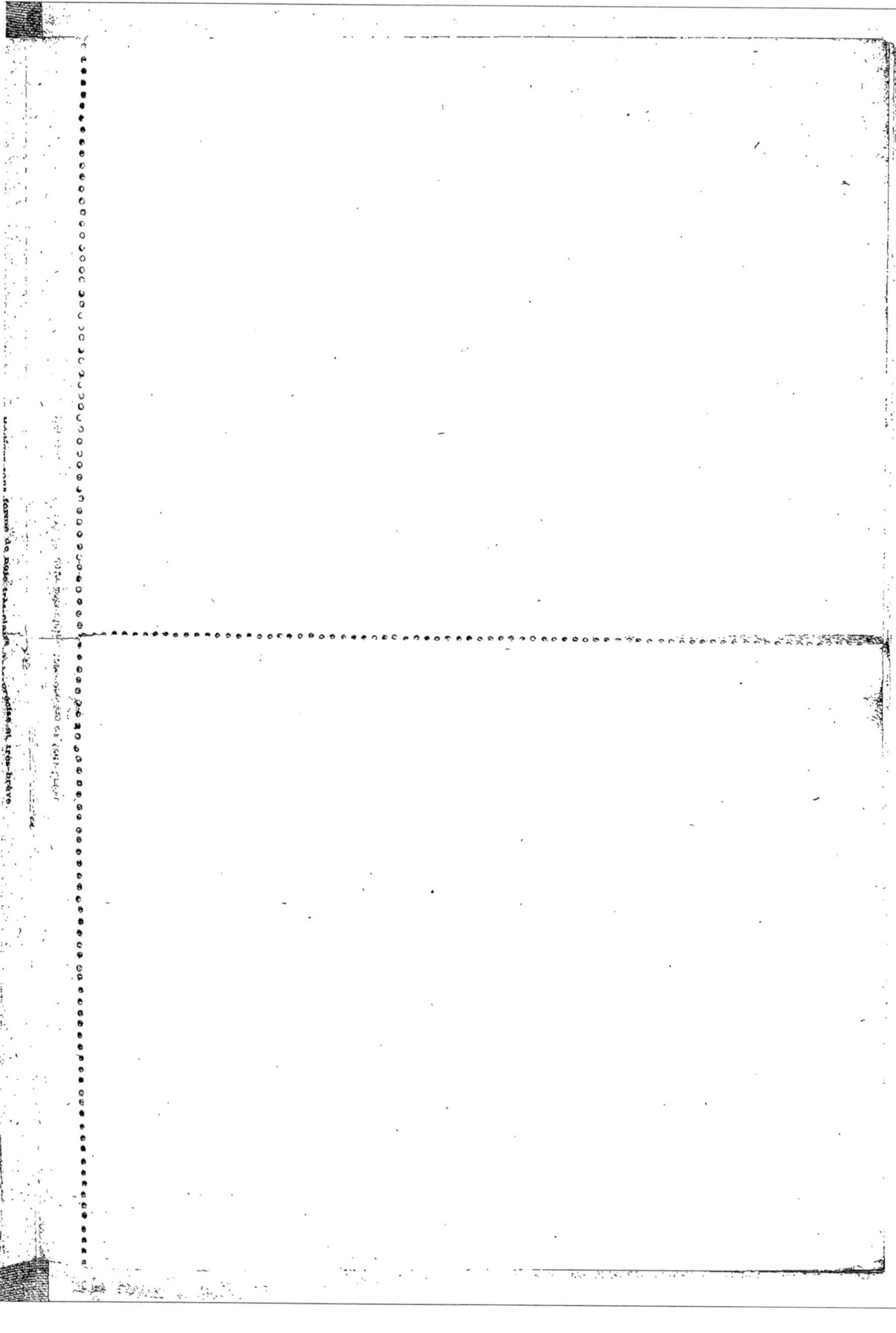

Rédiger sous forme de note très-claire, très-précise et très-brève

ARMÉE.
CORPS D'ARMÉE.
DIVISION.
BRIGADE.
RÉGIMENT.
BATAILLON.
COMPAGNIE.

Lieu d'où part l'avis.

AVIS URGENT N°

Le ____________ 18____

heures minutes (matin ou soir).

Signature et grade de l'expéditeur.

ARMÉE.
CORPS D'ARMÉE.
DIVISION.
BRIGADE.
RÉGIMENT.
BATAILLON.
COMPAGNIE.

Lieu d'où part l'avis.

AVIS URGENT N°

Le ____________ 18____

heures minutes (matin ou soir).

Signature et grade de l'expéditeur.

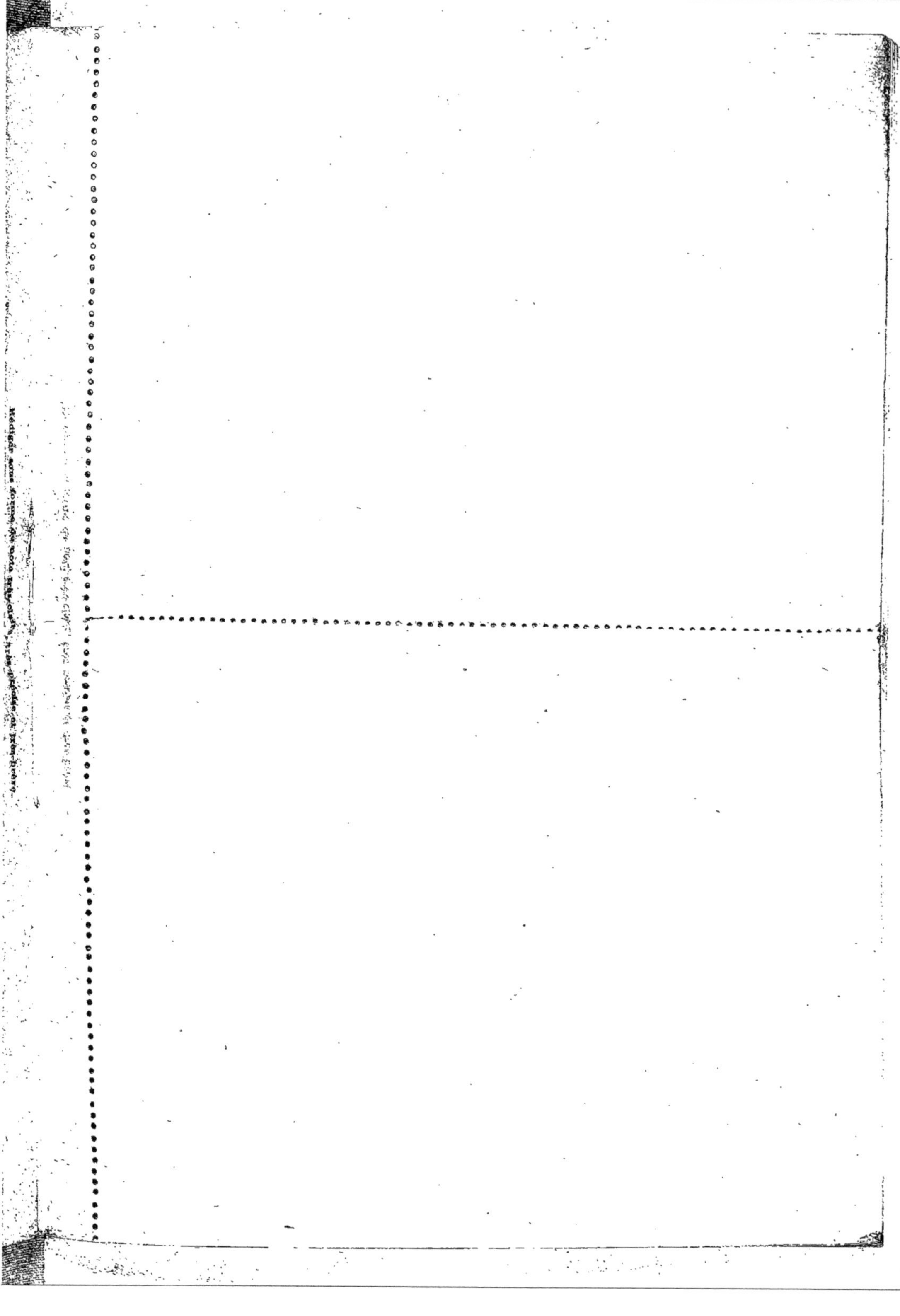

Rédiger sous forme de note très-claire, très-précise et très-brève.

ARMÉE.
CORPS D'ARMÉE.
DIVISION.
BRIGADE.
RÉGIMENT.
BATAILLON.
COMPAGNIE.

Lieu d'où part l'avis.

AVIS URGENT N°

Le ______ ______ 18 ______

heures minutes (matin ou soir).

Signature et grade de l'expéditeur.

ARMÉE.
CORPS D'ARMÉE.
DIVISION.
BRIGADE.
RÉGIMENT.
BATAILLON.
COMPAGNIE.

Lieu d'où part l'avis.

AVIS URGENT N°

Le ______ ______ 18 ______

heures minutes (matin ou soir).

Signature et grade de l'expéditeur.

Rédiger sous forme de note très claire, très précise et très brève.

ARMÉE.
CORPS D'ARMÉE.
DIVISION.
BRIGADE.
RÉGIMENT.
BATAILLON.
COMPAGNIE.

Lieu d'où part l'avis.

AVIS URGENT N°

Le ______________ 18 ______

heures minutes (matin ou soir).

Signature et grade de l'expéditeur.

Rédiger sous forme de note très-claire, très-précise et très-brève.

ARMÉE.
CORPS D'ARMÉE.
DIVISION.
BRIGADE.
RÉGIMENT.
BATAILLON.
COMPAGNIE.

Lieu d'où part l'avis.

AVIS URGENT N°

Le ______________ 18 ______

heures minutes (matin ou soir).

Signature et grade de l'expéditeur.

Rédiger sous forme de note très [illegible] précise et très brève.

Rédiger sous forme de note très-claire, très-précise et très-brève.

ARMÉE.
CORPS D'ARMÉE.
DIVISION.
BRIGADE.
RÉGIMENT.
BATAILLON.
COMPAGNIE.

Lieu d'où part l'avis.

AVIS URGENT N°

Le _______________ 18___

heures minutes (matin ou soir).

Signature et grade de l'expéditeur.

ARMÉE.
CORPS D'ARMÉE.
DIVISION.
BRIGADE.
RÉGIMENT.
BATAILLON.
COMPAGNIE.

Lieu d'où part l'avis.

AVIS URGENT N°

Le _______________ 18___

heures minutes (matin ou soir).

Signature et grade de l'expéditeur.

Rédiger sous forme de note très-claire, très-précise et très-brève.

ARMÉE.
CORPS D'ARMÉE.
DIVISION.
BRIGADE.
RÉGIMENT.
BATAILLON.
COMPAGNIE.

Lieu d'où part l'avis.

AVIS URGENT N°

Le ______________ 18 ____

heures minutes (matin ou soir).

Signature et grade de l'expéditeur.

ARMÉE.
CORPS D'ARMÉE.
DIVISION.
BRIGADE.
RÉGIMENT.
BATAILLON.
COMPAGNIE.

Lieu d'où part l'avis.

AVIS URGENT N°

Le ______________ 18 ____

heures minutes (matin ou soir).

Signature et grade de l'expéditeur.

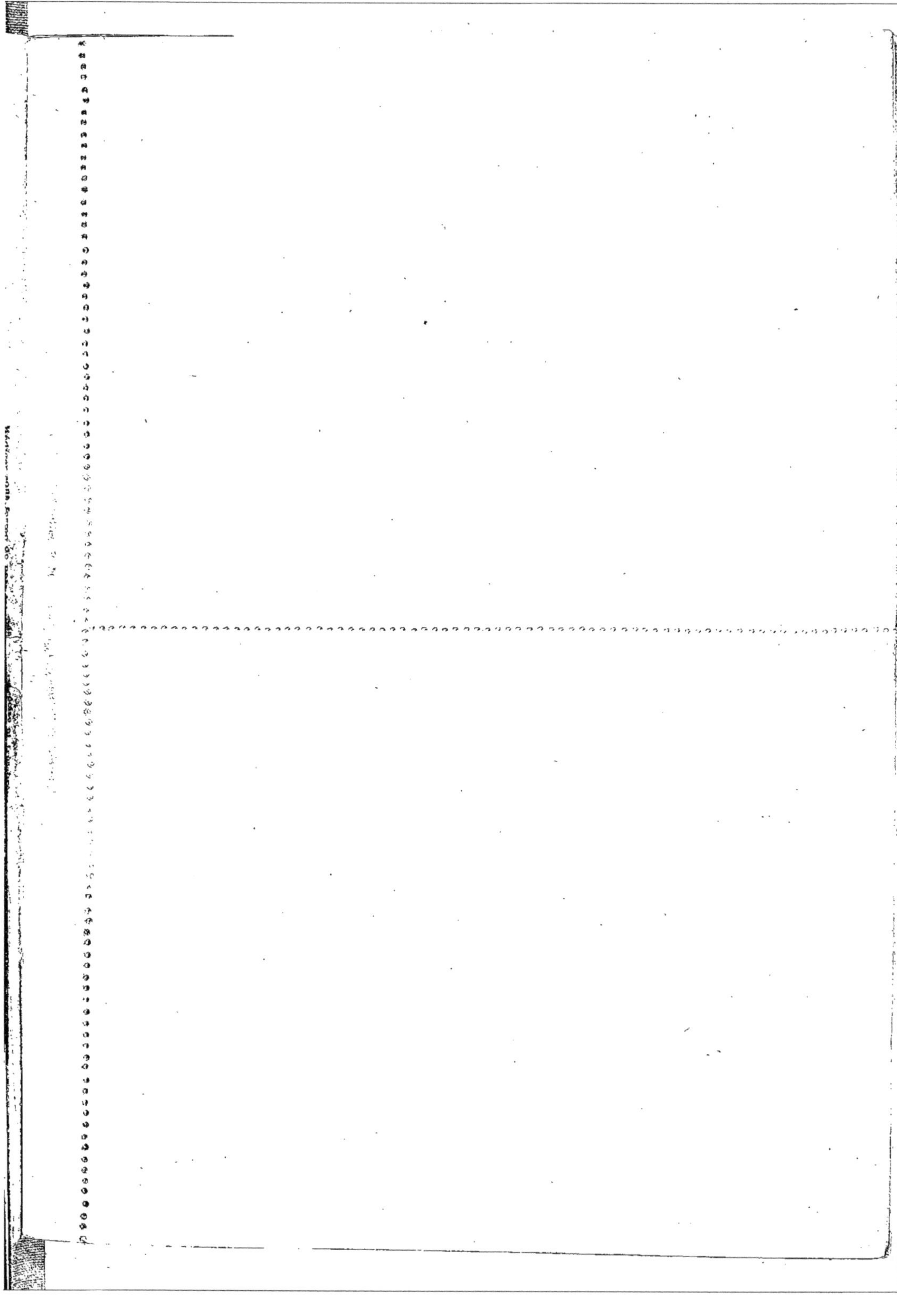

Rédiger sous forme de note très-claire, très-précise et très-brève.

ARMÉE.
CORPS D'ARMÉE.
DIVISION.
BRIGADE.
RÉGIMENT.
BATAILLON.
COMPAGNIE.

Lieu d'où part l'avis.

AVIS URGENT N°

Le ________________ 18____

heures   minutes (matin ou soir).

Signature et grade de l'expéditeur.

ARMÉE.
CORPS D'ARMÉE.
DIVISION.
BRIGADE.
RÉGIMENT.
BATAILLON.
COMPAGNIE.

Lieu d'où part l'avis.

AVIS URGENT N°

Le ________________ 18____

heures   minutes (matin ou soir).

Signature et grade de l'expéditeur.

Rédiger sous forme de note très-claire, très-précise et très-brève.

ARMÉE.
CORPS D'ARMÉE.
DIVISION.
BRIGADE.
RÉGIMENT.
BATAILLON.
COMPAGNIE.

Lieu d'où part l'avis. {

AVIS URGENT N°

Le ______________ 18____

heures minutes (matin ou soir).

Signature et grade de l'expéditeur.

ARMÉE.
CORPS D'ARMÉE.
DIVISION.
BRIGADE.
RÉGIMENT.
BATAILLON.
COMPAGNIE.

Lieu d'où part l'avis. }

AVIS URGENT N°

Le ______________ 18____

heures minutes (matin ou soir).

Signature et grade de l'expéditeur.

DATE. _____ N° ___ **AVANT-POSTES.** { du commandant de _____ Régiment. ___
COMPAGNIE. ___ SECTION. ___ **Rapport d'installation** { au commandant de _____ Bataillon. ___

Composition du poste ou détachement.	Gd garde. N° ___ Pt poste. N° ___	Officiers. ..... Sous-officiers. ..... Caporaux et soldats. .. Tambours et clairons. .. Totaux (moins les offic.)		Nom du porteur.	Signature de l'expéditeur.	
Emplacement du petit poste. Heure de l'occupation.						
Description succincte du terrain.						
Points d'appui { de droite. de gauche.						
Nombre. Position des sentinelles. Distances entre elles et le petit poste. Terrain qu'elles découvrent. Consignes particulières.						
Patrouilles. Effectif. Itinéraire. Parties à Rentrées à Evénements et renseignements recueillis sur la route						
Position à prendre en cas d'attaque. Direction à suivre en cas de retraite forcée.						
Renseignements divers et observations.						

Faire une colonne pour chacune d'elles. Les designer par des numéros.

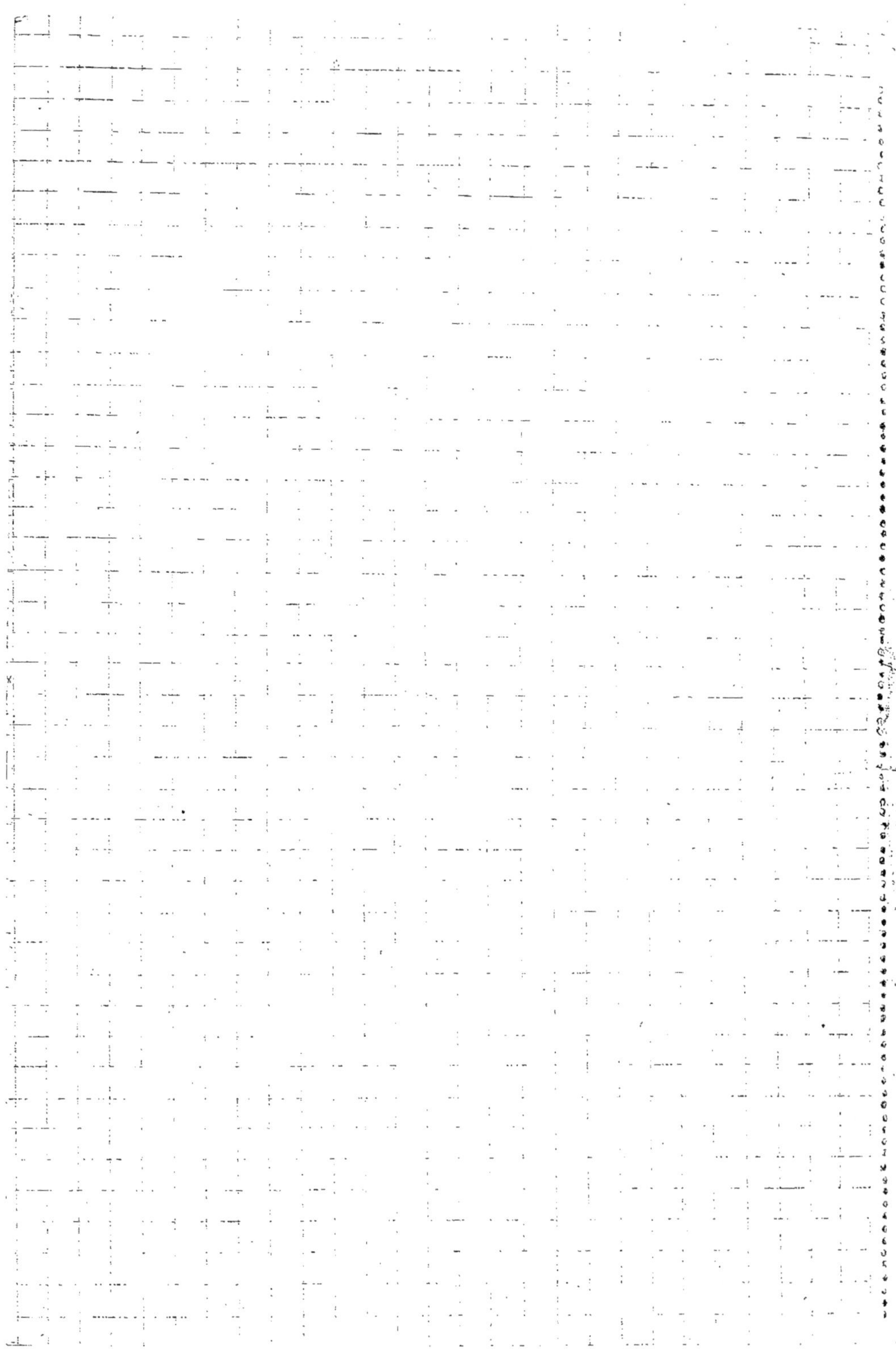

DATE. No AVANT-POSTES. { du commandant de Régiment. au commandant de Bataillon.

COMPAGNIE. SECTION. **Rapport d'installation**

Composition du poste ou détachement. { Gd garde. No. Pt poste. No. { Officiers. Sous-officiers. Caporaux et soldats. Tambours et clairons. Totaux (moins les offic.).

Nom du porteur. { Signature de l'expéditeur. {

Emplacement du petit poste. {

Heure de l'occupation. {

Rapport

Description succincte du terrain. {

Points d'appui { de droite. de gauche. {

Nombre. Position des sentinelles. Distances entre elles et le petit poste. Terrain qu'elles découvrent. Consignes particulières. {

Patrouilles. Effectif. Itinéraire. Parties à Rentrées à Evénements et renseignements recueillis sur la route {

Faire une colonne pour chacune d'elles. Les désigner par des numéros.

Position à prendre en cas d'attaque. Direction à suivre en cas de retraite forcée. {

Renseignements divers et observations. {

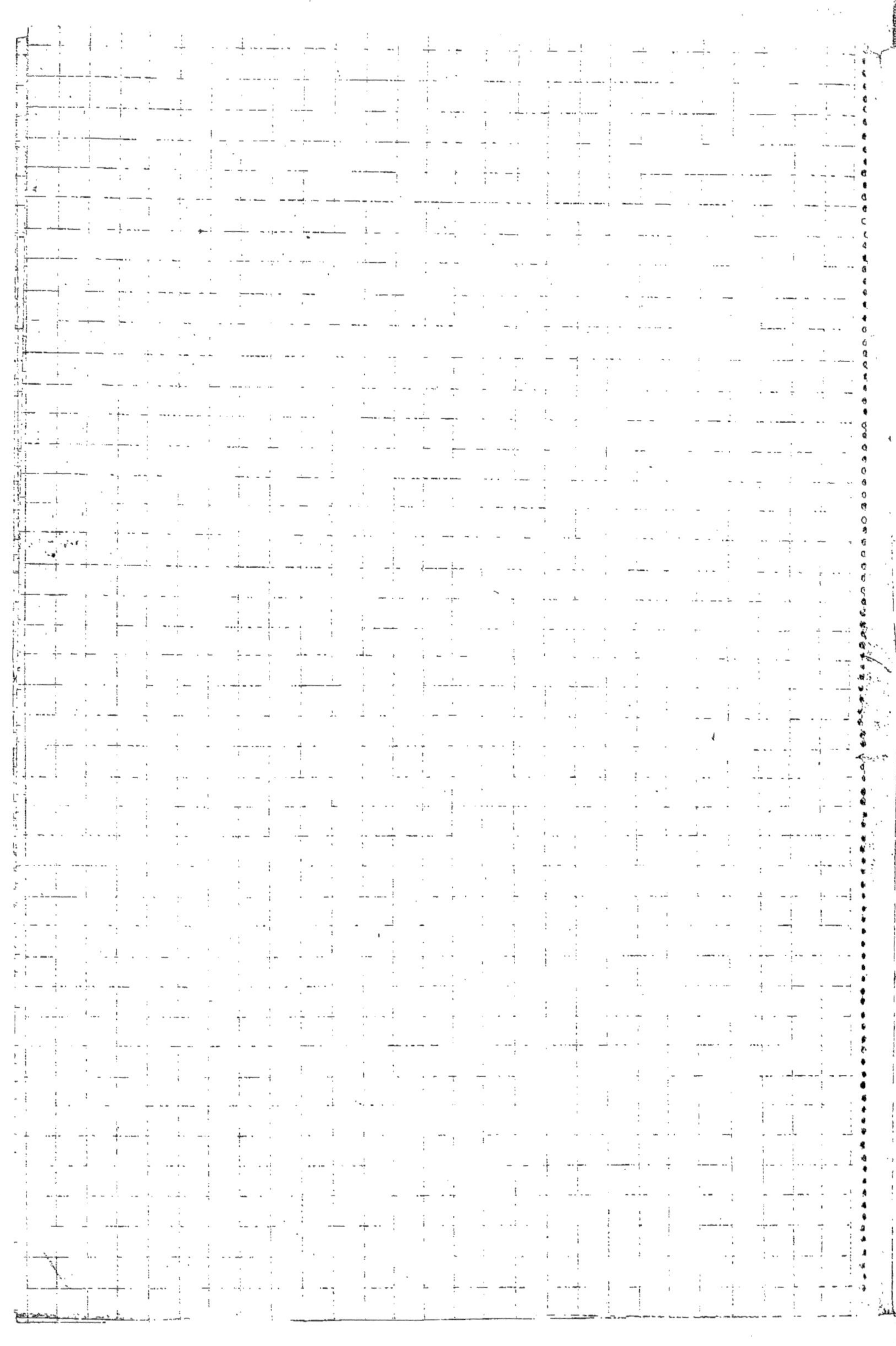

DATE. — No — AVANT-POSTES. { du commandant de — Régiment.

COMPAGNIE. — SECTION. — **Rapport d'installation** { au commandant de — Bataillon.

Composition du poste ou détachement. { Gd garde. No — Pt poste. No — { Officiers. — Sous-officiers. — Caporaux et soldats. — Tambours et clairons. — Totaux (moins les offic.). — Nom du porteur. { — Signature de l'expéditeur. { —

Emplacement du petit poste. { —

Heure de l'occupation. { — Rapport —

Description succincte du terrain. { —

Points d'appui { de droite. de gauche. { —

Faire une colonne pour chacune d'elles. Les désigner par des numéros.

Nombre. Position des sentinelles. Distances entre elles et le petit poste. Terrain qu'elles découvrent. Consignes particulières. { —

Patrouilles. Effectif. Itinéraire. Parties à Rentrées à Evénements et renseignements recueillis sur la route. { —

Position à prendre en cas d'attaque. Direction à suivre en cas de retraite forcée. { —

Renseignements divers et observations. { —

Faire une colonne pour chacune d'elles.
Les désigner par de

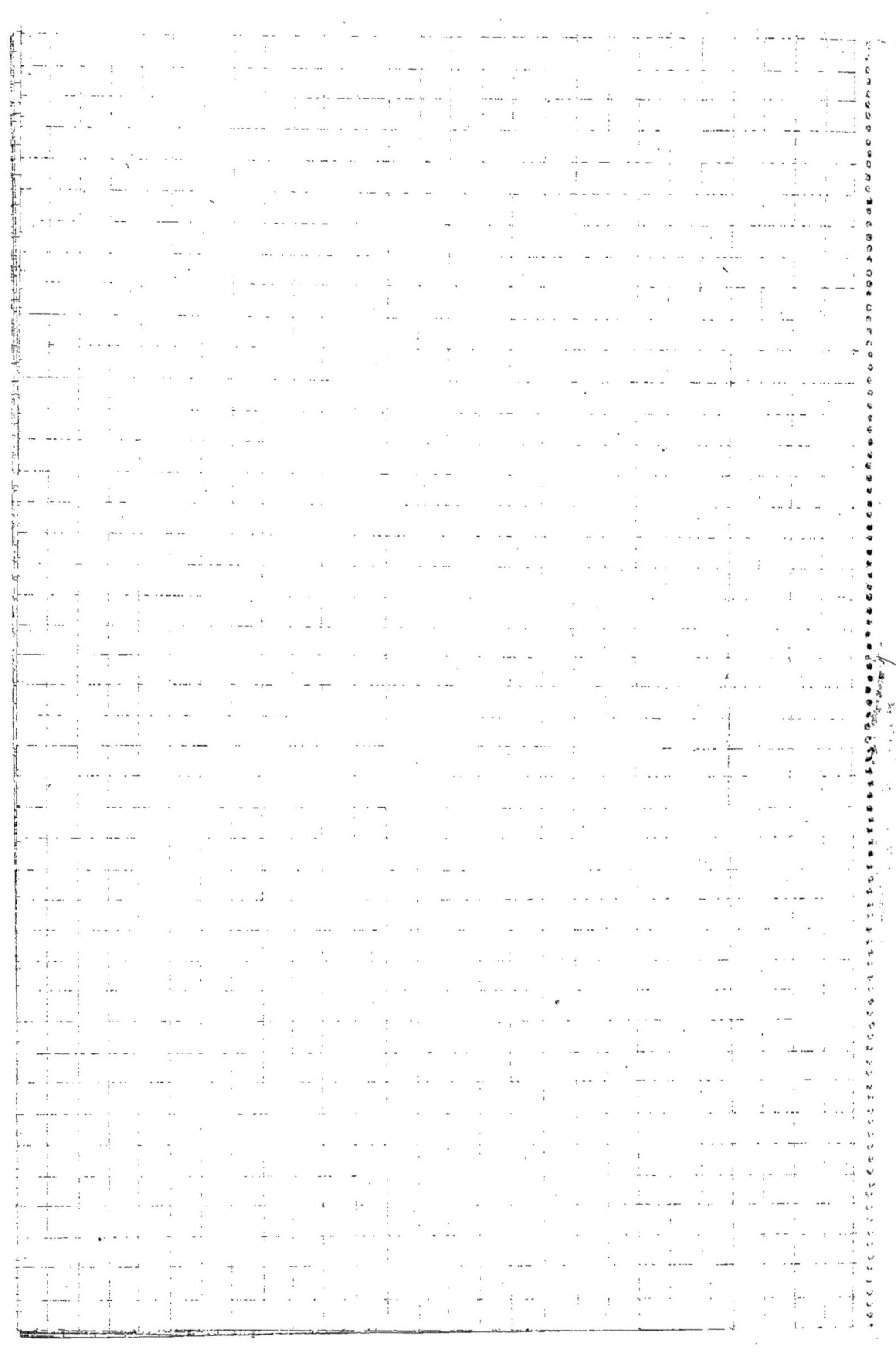

Date ____ N° ____ AVANT-POSTES. { du commandant de ____ Régiment.
Compagnie ____ Section. ____ **Rapport d'installation** { au commandant de ____ Bataillon.

Composition du poste ou détachement.	Gd garde. N° ____ Pt poste. N° ____	Officiers. ____ Sous-officiers. ____ Caporaux et soldats. ____ Tambours et clairons. ____ Totaux (moins les offic.). ____	Nom du porteur.	Signature de l'expéditeur.	
Emplacement du petit poste.					
Heure de l'occupation.					
Description succincte du terrain.					
Points d'appui { de droite. de gauche.					
Nombre. Position des sentinelles. Distances entre elles et le petit poste. Terrain qu'elles découvrent. Consignes particulières.					
Patrouilles. Effectif. Itinéraire. Parties à Rentrées à Evénements et renseignements recueillis sur la route.					
Position à prendre en cas d'attaque. Direction à suivre en cas de retraite forcée.					
Renseignements divers et observations.					

Faire une colonne pour chacune d'elles.
Les désigner par des numéros.

Voir
Rapport
Faire une colonne
pour chacune d'elles.
Indiquer les heures.
Désigner les sentinelles

Date.	N°	AVANT-POSTES.	du commandant de	Régiment.
Compagnie.	Section.	**Rapport de renseignements**	au commandant de	Bataillon

Indiquer les heures. Désigner les sentinelles par leurs numéros.	Modifications apportées à l'emplacement du poste et des sentinelles.	
	Renseignements fournis par les sentinelles.	
	Rondes de Parties à Rentrées à	
	Rapport.	
Faire une colonne pour chacune d'elles. Les désigner par leurs numéros	Patrouilles. Effectif. Itinéraire. Parties à Rentrées à	
	Événements et renseignements recueillis sur la route.	
Heures.	Renseignements fournis par les habitants.	
	Déserteurs. Nombre. Heure. Renseignements fournis.	
	Prisonniers. Nombre, où pris, heure. Renseignements fournis.	
Heures.	Parlementaires.	
	Laissez-passer. Par qui signés.	
Heure.	Étrangers arrêtés ou envoyés en arrière.	
	Troupes ayant franchi la ligne des sentinelles.	
	Avis envoyés aux grand'gardes voisines ou reçus d'elles.	
Voir Rapport de combat.	Engagements avec l'ennemi.	

DATE. | № | **AVANT-POSTES.** | du commandant de ... Régiment.
COMPAGNIE. | SECTION. | **Rapport de renseignements** | au commandant de ... Bataillon.

Indiquer les heures. Désigner les sentinelles par leurs numéros.

Modifications apportées à l'emplacement du poste et des sentinelles.

Renseignements fournis par les sentinelles.

Rondes de
Parties à
Rentrées à

Rapport.

Faire une colonne pour chacune d'elles. Les désigner par leurs numéros

Patrouilles.
Effectif.
Itinéraire.
Parties à
Rentrées à
Evénements et renseignements recueillis sur la route.

Heures.

Renseignements fournis par les habitants.

Déserteurs.
Nombre. Heure.
Renseignements fournis.

Prisonniers.
Nombre, où pris, heure.
Renseignements fournis.

Heures.

Parlementaires.

Laisses-passer.
Par qui signés.

Heure.

Etrangers arrêtés ou envoyés en arrière.

Troupes ayant franchi la ligne des sentinelles.

Avis envoyés aux grand'gardes voisines ou reçues d'elles.

Voir Rapport de combat.

Engagements avec l'ennemi.

DATE. ...... N° ... AVANT-POSTES. du commandant de ... Régiment.

COMPAGNIE. SECTION. **Rapport de renseignements** au commandant de ... Bataillon.

Indiquer les heures. Désigner les sentinelles par leurs numéros.

Modifications apportées à l'emplacement du poste et des sentinelles.

Renseignements fournis par les sentinelles.

Rondes de

Parties à

Rentrées à

Rapport.

Faire une colonne pour chacune d'elles. Les désigner par leurs numéros

Patrouilles.

Effectif.

Itinéraire.

Parties à

Rentrées à

Evénements et renseignements recueillis sur la route.

Heures.

Renseignements fournis par les habitants.

Déserteurs.

Nombre. Heure.

Renseignements fournis.

Prisonniers

Nombre.

où pris, heure.

Renseignements fournis.

Heures

Parlementaires

Laissez-passer.

Par qui signés.

Etrangers arrêtés ou envoyés en arrière.

Heure.

Troupes ayant franchi la ligne des sentinelles.

Avis envoyés aux grand'gardes voisines ou reçues d'elles.

Voir Rapport de combat.

Engagements avec l'ennemi.

DATE. | N° | AVANT-POSTES. | du commandant de | Régiment.
COMPAGNIE. | SECTION. | **Rapport de renseignements** | au commandant de | Bataillon.

Indiquer les heures. Désigner les sentinelles par leurs numéros.

Modifications apportées à l'emplacement du poste et des sentinelles.

Renseignements fournis par les sentinelles.

Rondes de
Parties à
Rentrées à

Rapport.

Faire une colonne pour chacune d'elles. Les désigner par leurs numéros.

Patrouilles.
Effectif.
Itinéraire.
Parties à
Rentrées à
Evénements et renseignements recueillis sur la route.

Heures.

Renseignements fournis par les habitants.

Déserteurs.
Nombre. Heure.
Renseignements fournis.

Prisonniers
Nombre, où pris, heure.
Renseignements fournis.

Heures

Parlementaires

Laissez-passer.
Par qui signés.

Heure.

Etrangers arrêtés ou envoyés en arrière.

Troupes ayant franchi la ligne des sentinelles.

Avis envoyés aux grand'gardes voisines ou reçues d'elles.

Voir Rapport de combat.

Engagements avec l'ennemi.

DATE. N°. **Rapport de combat.** (du commandant de (au commandant de Régiment. Bataillon.

COMPAGNIE. SECTION.

Composition du poste ou détachement.	Officiers. Sous-officiers Caporaux et soldats. Tambours et clairons. Total (moins les offic.).	Heures	du commencement. de la cessation.	heures heures	minutes (matin ou soir). minutes (matin ou soir)
		Nom du porteur.		Signature de l'expéditeur.	

Faire une colonne pour chacune d'elles. Indiquer les heures.

Position de l'ennemi.

Nature des renseignements qu'on a sur lui.

Position de la troupe.

Eclaireurs.

Pointe ou chaîne.

Tête ou renfort.

Gros ou soutien.

Réserve.

Ordres reçus de qui et à quelle heure.

Ordres donnés. Verbal ou écrit, à quelle heure en a-t-on le reçu.

Rapport.

Résultat à atteindre ou obtenu et observations.

DATE. No **Rapport de combat.** du commandant de ... Régiment. au commandant de ... Bataillon.

COMPAGNIE. SECTION.

Composition du poste ou détachement.	Officiers. / Sous-officiers. / Caporaux et soldats. / Tambours et clairons. / Total (moins les offic.).	Heures du commencement / de la cessation.	... heures ... minutes (matin ou soir). / ... heures ... minutes (matin ou soir).
		Nom du porteur.	Signature de l'expéditeur.

Indiquer les heures. Faire une colonne pour chacune d'elles.

Position de l'ennemi.

Nature des renseignements qu'on a sur lui.

Position de la troupe.

Eclaireurs.

Pointe ou chaîne.

Tête ou renfort.

Gros ou soutien.

Réserve.

Ordres reçus : de qui et à quelle heure.

Ordres donnés : Verbal ou écrit, à quelle heure en a-t-on le reçu.

Rapport.

Résultat à atteindre ou obtenu et observations.

DATE. ________ N° ____ **Rapport de reconnaissance** { de ________ à ________ Régiment. ________ Bataillon. ________

COMPAGNIE. ____ SECTION. ____

Composition du détachement.		I	C	A	Infanterie.	Cavalerie.	Artillerie.	Pièces
	Officiers.							
	Sous-officiers.							
	Caporaux, brigadiers, soldats.							
	Tambrs, clairons, trompettes.							
	Totaux (moins les officiers).							

Heures { du départ ____ hes ____ mes (matin ou soir). du retour ____ hes ____ mes (matin ou soir).

Signature de l'expéditeur. ________

Objet de la mission.

Renseignements qu'on a sur l'ennemi.

Itinéraire { à l'aller. au retour.

Indiquer les heures. Faire une colonne pour chacune d'elles.

Positions du détachement.

Eclaireurs.

Pointe ou chaîne.

Tête ou renfort.

Gros ou soutien.

Réserve.

Lieux habités.	Mairie.	Gare.	Télégraphe.	Poste.	Eglise.	Gendarmerie	Rues Principales.	Rues Secondaires	Réquisitions

Indiquer les heures.

Evénements survenus.

Renseignements recueillis.

Leur origine et observations.

Régiment.
Bataillon.

DATE. N° **Rapport de reconnaissance** de à

COMPAGNIE. SECTION.

Heures du départ. hes mes (matin ou soir). du retour. hes mes (matin ou soir).

Composition du détachement.

	I	C	A	Infanterie.	Cavalerie.	Artillerie.	Pièces
Officiers.							
Sous-officiers.							
Caporaux, brigadiers, soldats.							
Tambrs, clairons, trompettes.							
Totaux (moins les officiers).							

Signature de l'expéditeur.

Objet de la mission.

Renseignements qu'on a sur l'ennemi.

Itinéraire à l'aller. au retour.

Indiquer les heures. Faire une colonne pour chacune d'elles.

Positions du détachement.
Eclaireurs.
Pointe ou chaîne.
Tête ou renfort.
Gros ou soutien.
Réserve.

Lieux habités.

Mairie.	Gare.	Télégraphe.	Poste.	Eglise.	Gendarmerie	Rues Principales.	Rues Secondaires	Réquisitions

Indiquer les heures.

Evénements survenus.

Renseignements recueillis.

Leur origine et observations.

DATE.

Reconnaissance de la position de

Etendue et développement de la position.

Points d'appui { de droite. / de gauche.

Ligne de défense. Y en a-t-il plusieurs successives. Leurs relations

Flanquement.

Clef de la position.

Points faibles, saillants.

Ailes.

Abris sur les lignes de défense et dans l'intérieur de la position.

Abords.

Points pouvant faciliter l'accès.

Flancs.

Communications en avant et en arrière.

Attaques probables.

Manière de défendre, une ou plusieurs.

Dispositions à prendre.

Travaux à exécuter

Nombre d'ouvriers

Temps nécessaire.

Quels outils.

Effectif nécessaire.

Ligne de retraite.

Emplacement probable de l'artillerie ennemie

DATE.

Reconnaissance de la position de

Etendue et développement de la position.

Points d'appui { de droite. de gauche.

Ligne de défense.

Y en a-t-il plusieurs successives.

Leurs relations

Flanquement.

Clef de la position.

Points faibles, saillants.

Ailes.

Abris sur les lignes de défense et dans l'intérieur de la position.

Abords.

Points pouvant faciliter l'accès.

Flancs.

Communications en avant et en arrière.

Attaques probables.

Manière de défendre, une ou plusieurs.

Dispositions à prendre.

Travaux à exécuter

Nombre d'ouvriers

Temps nécessaire.

Quels outils.

Effectif nécessaire.

Ligne de retraite.

Emplacement probable de l'artillerie ennemie.

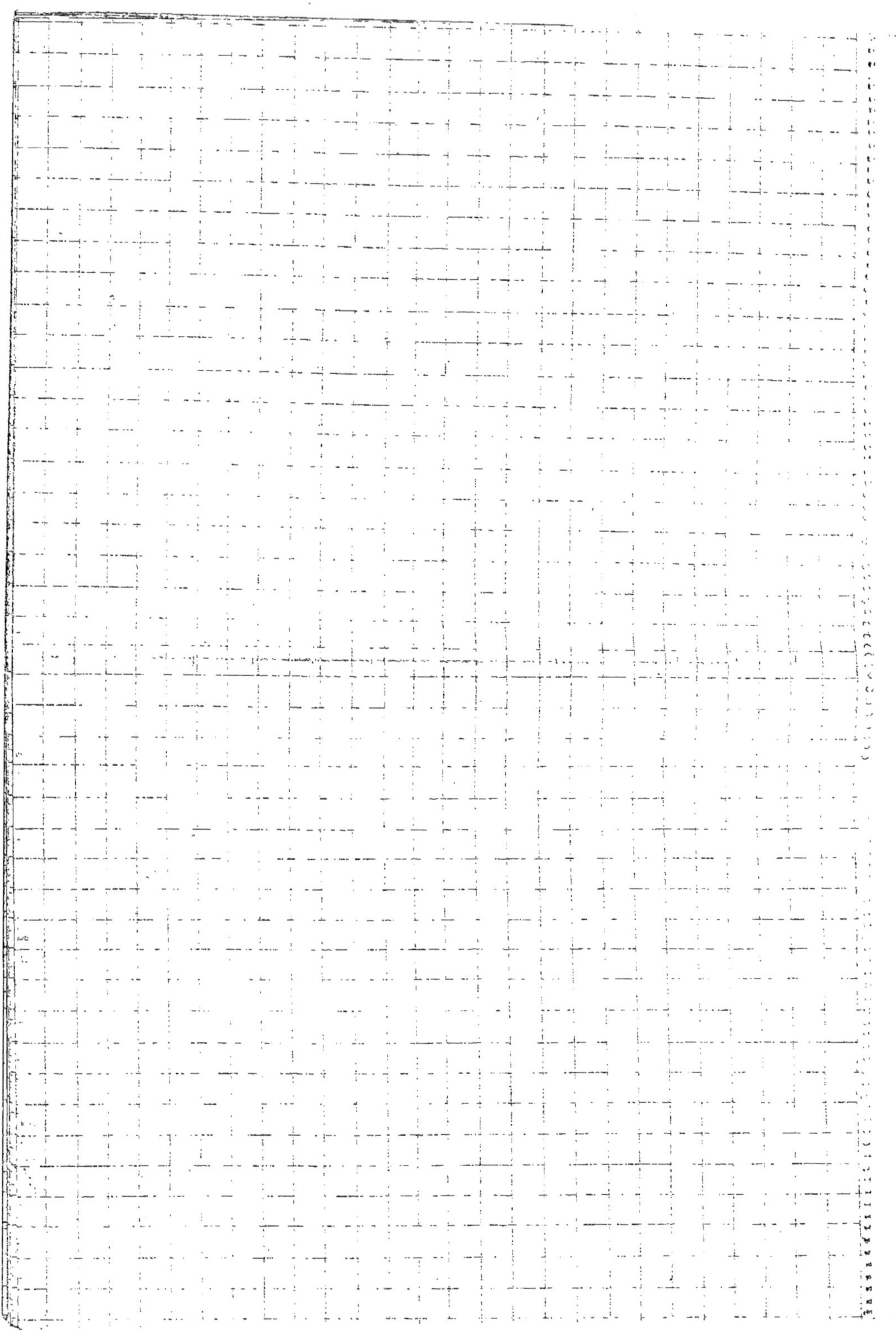

Statistique

Ouvriers des subsistances.			Ouvriers de l'habillement.			Ouvriers en fer.				Ouvriers en bois.			
Boulangers.	Bouchers.	Meuniers.	Tailleurs.	Cordonniers.	Selliers et bourreliers.	Armuriers.	Maréchaux ferrants.	Forgerons.	Taillandiers et serruriers	Charrons.	Charpentiers.	Menuisiers.	Tonneliers.

Service de santé.			Habitants notables.	Noms des personnes pouvant être employées pour			
Médecins.	Vétérinaires.	Pharmaciens.		Soigner les malades	Interprètes.	Guides.	Espions.

Ressources des Subsistances.

Ressources en habillement.				Logement et cantonnement.			Blé.	Seigle.	Farine.	Légumes secs.			
Draps.	Toiles.	Cuirs.	Ouvrières	Hommes.	Chevaux.	Voitures.				Pois.	Haricots.	Fèves.	Lentilles.

Légumes verts.		Riz et pâtes.	Sel.	Café.	Sucre.	Vin.	Bière.	Cidre.	Eau-de-vie.	Bœufs et vaches.	Moutons et chèvres.	Veaux.	Porcs.
Pommes de terre.	Choux.												

Avoine.	Orge.	Son.	Epeautre	Foin. Sainfoin. Luzerne.	Trèfle.	Paille.	Combustibles.		Fours.		Moulins.		Anes.
							Cuisine.	Eclairage.	Nombre.	Pouvant cuire en 24 heures.	Nombre.	Pouvant moudre en 24 heures.	

Moyens de transport. — Chemins de fer.

Bœufs.	Chevaux de selle.	Chevaux et mulets		Voitures.		Bateaux et nacelles.	Locomotives.	Wagons					Trucs.
		de trait.	de bât.	à 2 roues.	à 4 roues.			à voyageurs.	à bagages.	à chevaux.	à bestiaux.	à marchandises	

Fer.			Ressources en argent.										
Réservoirs à eau.	Combustibles.	Quai d'embarquement.	Imposition annuelle.	Trésorerie et perception.	Contributions indirectes.	Douanes.	Enregistrement et domaines	Poste.	Télégraphe.	Recette municipale.	Caisse d'épargne.	Banque.	Sociétés financières.

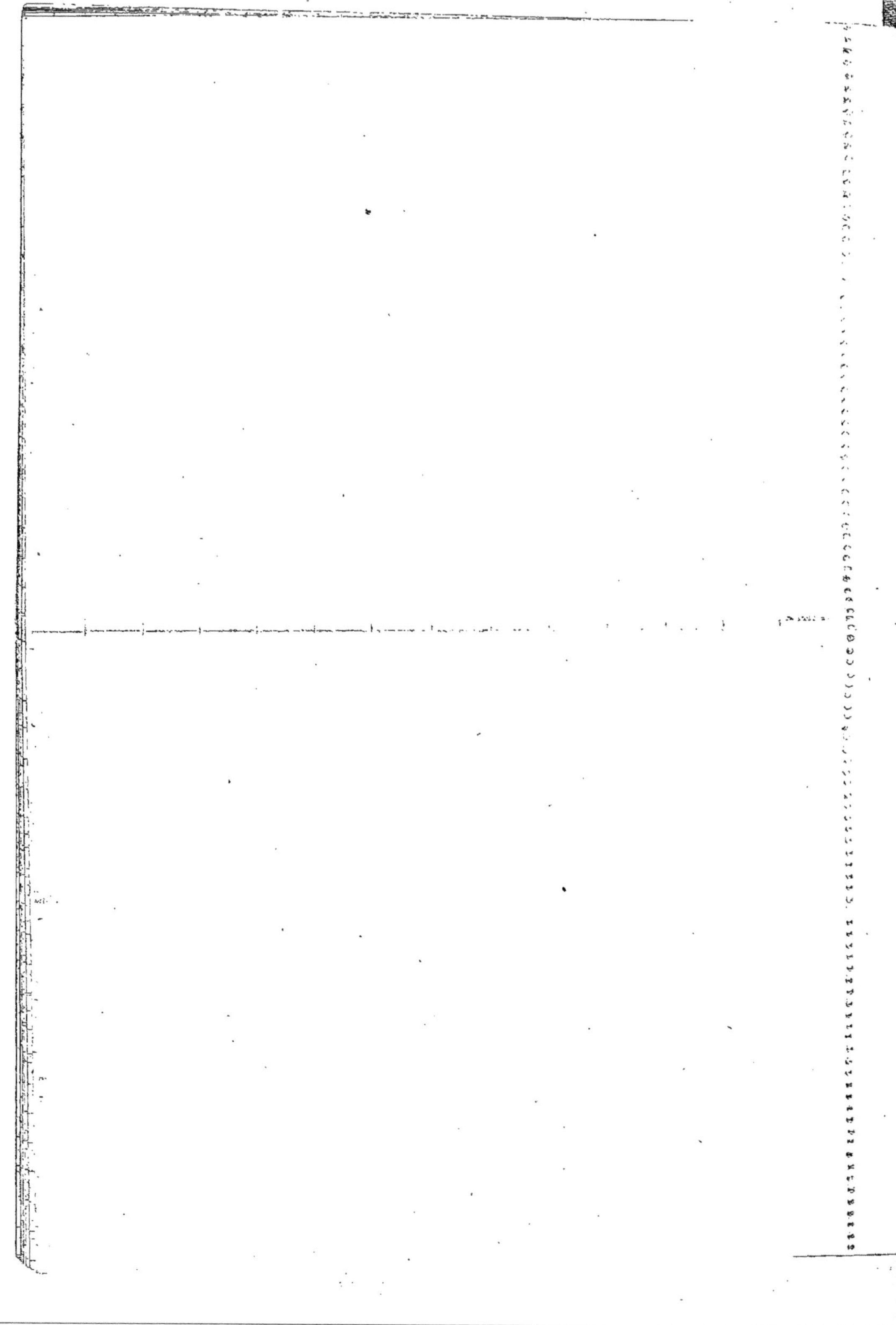

Statistique

Ouvriers des subsistances.			Ouvriers de l'habillement.			Ouvriers en fer.				Ouvriers en bois.			
Boulangers.	Bouchers.	Meuniers.	Tailleurs.	Cordonniers.	Selliers et bourreliers.	Armuriers.	Maréchaux ferrants.	Forgerons.	Taillandiers et serruriers	Charrons.	Charpentiers.	Menuisiers.	Tonneliers.

Service de santé.			Habitants notables.	Noms des personnes pouvant être employées pour			
Médecins.	Vétérinaires.	Pharmaciens.		Soigner les malades	Interpètes.	Guides.	Espions.

Ressources des Subsistances.

Ressources en habillement.				Logement et cantonnement.			Blé.	Seigle.	Farine.	Légumes secs.			
Draps.	Toiles.	Cuirs.	Ouvrières	Hommes.	Chevaux.	Voitures.				Pois.	Haricots.	Fèves.	Lentilles.

Légumes verts.		Riz et pâtes.	Sel.	Café.	Sucre.	Vin.	Bière.	Cidre.	Eau-de-vie.	Bœufs et vaches.	Moutons et chèvres.	Veaux.	Porcs.
Pommes de terre.	Choux.												

Avoine.	Orge.	Son.	Epeautre	Foin. Sainfoin, Luzerne.	Trèfle.	Paille.	Combustibles.		Fours.		Moulins.		Anes.
							Cuisine.	Eclairage.	Nombre.	Pouvant cuire en 24 heures.	Nombre.	Pouvant moudre en 24 heures.	

Moyens de transport. — Chemins de fer.

Bœufs.	Chevaux de selle.	Chevaux et mulets		Voitures.		Bateaux et nacelles.	Locomotives.	Wagons					Trucs.
		de trait.	de bât.	à 2 roues.	à 4 roues.			à voyageurs.	à bagages.	à chevaux.	à bestiaux.	à marchandises	

Chemins de fer.			Ressources en argent.										
Réservoirs à eau.	Combustibles.	Quai d'embarquement.	Imposition annuelle.	Trésorerie et perception.	Contributions indirectes.	Douanes.	Enregistrement et domaines	Poste.	Télégraphe.	Recette municipale.	Caisse d'épargne.	Banque.	Sociétés financières.

www.ingramcontent.com/pod-product-compliance
Ingram Content Group UK Ltd.
Pitfield, Milton Keynes, MK11 3LW, UK
UKHW021129220726
13924UKWH00004B/1974